KLEINE
KULTURWISSENSCHAFTLICHE
BIBLIOTHEK

herausgegeben von
Ulrich Raulff

Christian Meier

Die Welt der Geschichte und die Provinz des Historikers

Drei Überlegungen

Verlag Klaus Wagenbach Berlin

Im Gedächtnis an Karl-Georg Faber
sowie für
Rudolf Vierhaus, Eberhard Kolb, Jürgen Kocka, Eberhard Jäckel,
Wolfgang Mommsen
mit Dank für lange freundschaftliche Zusammenarbeit

Satz und Druck durch Poeschel & Schulz-Schomburgk, Eschwege
Gesetzt aus der Borgis Walbaum Antiqua Linotype
Bindung Druckerei Wagner, Nördlingen
Printed in Germany. ISBN 3803151155

Inhalt

Vorwort

Daß Europa oder genauer: die europäische Kultur nicht das Ziel der Weltgeschichte ist, kann heute als bekannt vorausgesetzt werden. Weithin unbekannt aber ist, welche Konsequenzen wir daraus zu ziehen haben.

Hier geht es allein um die Historie; die Wissenschaft, die unter dem Namen »Geschichte« figuriert. Kann sie es sich angesichts der heutigen Welt noch leisten, als ihren Gegenstand weiterhin nur die antik-abendländische Geschichte anzusehen? Kann sie so weitermachen wie bisher? Oder liefe das auf einen Europazentrismus hinaus, der zunehmend provinziell wird; den wir uns vernünftigerweise nicht mehr gestatten sollten?

Gewiß, alle Völker und Kulturen leben in einem Horizont, und der kann nicht beliebig weit sein. Es ist auch nicht unüblich, daß sich Kulturen für die Welt halten. Aber es ist etwas anderes, ob man das naiv tut und unter Umständen, da man mehr oder weniger eine Welt für sich ist (wie das Ägypten der Pharaonen oder China) – oder ob wir das im heutigen Europa machen, nachdem wir längst alle Grenzen zur übrigen Welt eingerissen, nachdem wir unsere Kultur für die wahre Kultur des ganzen Globus gehalten haben; wie wenn wir es sonst nur mit »Unzivilisierten« oder »Überholten« zu tun hätten!

Und es ist etwas anderes, ob man es tat, als die Teile der Welt mehr oder weniger getrennt voneinander lebten, die Verbindungen mühsam und spärlich waren – oder heute auf dem kleingewordenen, insgesamt bedrohten, in dichteste Interdependenz geratenen Globus, da sich so viele Aufgaben stellen, die nur gemeinsam zu lösen sind; da schon die Produktion gewisser Spraydosen in einigen Ländern die Lebensbedingungen der ganzen Welt stark in Mitleidenschaft ziehen kann.

Wenn die Völker rings um die Welt aber so viel miteinander zu schaffen haben, sollten sie ihr Möglichstes tun, um sich in ihren Eigenarten besser kennenzulernen.

Das aber heißt zugleich, daß sie gegenseitig mehr über ihre Geschichte lernen. Denn ihre Eigenarten, ihre »Identitäten« sind ja aus ihrer Geschichte erwachsen. Wenn der Anspruch der Historie, sie könne die Gegenwart von der Vergangenheit her über sich selbst aufklären, berechtigt ist, so ist hier gerade auch historische Arbeit gefordert. Denn man soll sich nicht täuschen: Bei aller äußerlichen Verwestlichung, bei allen Triumphen, die westliche Technik, Wissenschaft, Ökonomie (und der American way of life) überall auf der Welt feiern, bleibt sehr viel von den überkommenen Eigenarten der verschiedenen Kulturen lebendig. Es ist sichtlich resistent. Eine Kultur legt nicht einfach alles ab, was sie gewesen ist, wenn ein Land sich industrialisiert; vor allem nicht, wenn es die Voraussetzungen dazu nicht selbst entwickelt, sondern importiert hat (und wenn die darin sich äußernde Abhängigkeit den eigenen Stolz verletzt oder herausfordert). Da bleibt im Grunde vieles beim Alten. Da hat man reichlich mit dem Überkommenen zu tun, auch wenn sich das nicht immer und nicht unbedingt an der Oberfläche abspielt; die Fundamente sind gleichwohl noch bestimmend. Mindestens ergeben sich schwierigste, ja potentiell explosive Probleme des Übergangs. Und wohin der letzten Endes führen wird, ist offen.

Überdies bieten sich ja auch im Innern der westlichen Staaten Probleme genug zwischen den verschiedenen Eigenarten derer, die aus den verschiedenen Gegenden der Welt in ihnen zusammenkommen.

Wenn man also nicht einfach nebeneinander herleben und sich voneinander überraschen lassen will, wird man in einen »Dialog der Eigenarten« eintreten müssen.

Wenn wir uns aber die hergebrachte Europazentriertheit nicht mehr leisten können, dürfen wir sie dann in der Historie beibehalten? Die Antwort ist einfach, sofern es nur Ja oder Nein gilt. Sie wird verteufelt schwierig, sobald man ins Einzelne kommt und konkret werden muß.

Aber es hat ja keinen Sinn, diese Frage, wie es die Katze mit dem heißen Brei tut, nur immer zu umschleichen. Irgendwann müssen wir sie anpacken, und zwar, so merkwürdig das klingen mag, schon um unserer eigenen Arbeit auf den hergebrachten Feldern der Geschichte willen. Vor allem aber natürlich, um unsere Aufgaben angesichts eines zwar allmählich sich vollziehenden, trotzdem radikalen Umbruchs neu zu bestimmen.

Das bedeutet keineswegs – selbst wenn das möglich wäre – daß wir alles umzukrempeln haben. Aber verschiedene Akzente werden neu zu setzen und in Vielem wird neu zu beginnen sein. Indem wir die Herausforderungen, die sich stellen, annehmen, werden sich nicht nur neue Schwierigkeiten, sondern vor allem auch neue Möglichkeiten ergeben.

Um es grob zu formulieren: Die Geschichten der asiatischen und afrikanischen Völker und Kulturen sind weit stärker in die Geschichtswissenschaft einzubeziehen. Und zwar nicht nur – wie es bisher üblich ist –, wenn sie sich mit der unsern berühren, wie die arabische im Zeitalter der Kreuzzüge und andere in dem der Entdeckungen, sondern als Gegenstände eigenen Rechts. Sofern sie praktischerweise zumal von Vertretern anderer Fächer, wie der Sinologie, Indologie, übrigens auch der Ethnologie behandelt werden, sind sehr enge Verbindungen zu denen zu knüpfen; um einen lebhaften Austausch in beide Richtungen zu ermöglichen.

Ein solcher Austausch kann aber nur funktionieren, wenn man lernt, das je eigene Gebiet zugleich von außen zu sehen, mit den Augen derer, die nicht mit ihm vertraut sind. Wir müssen auf Fragen antworten, die bisher nicht gestellt worden sind, gewohnte Fragen sind zum Teil anders anzusetzen, Ergebnisse anders zu formulieren. Es kann nicht darauf verzichtet werden, daß wir weiterhin Spezialisten sind; aber es muß darauf gesehen werden, daß wir es dabei nicht bewenden lassen. Wir müssen vielmehr zugleich Generalisten sein, um unsere Fächer respektive Teilfächer in Beziehung zueinander bringen und fruchtbar machen zu können. Ich kann mich da auf Jacob Burckhardt berufen: »In den Wissenschaften dagegen kann man nur noch in einem begrenzten Zweige Meister sein, nämlich als Specialist, und irgendwo *soll* man dieß sein. Soll man aber nicht die Fähigkeit der allgemeinen Übersicht, ja die Würdigung derselben einbüßen, so sei man noch an möglichst vielen andern Stellen Dilettant, wenigstens auf eigne Rechnung, zur Mehrung der eigenen Erkenntniß und Bereicherung an Gesichtspuncten, sonst bleibt man in Allem, was über die Specialität hinausliegt, ein Ignorant und unter Umständen im Ganzen ein roher Geselle«.[1] Kürzer hat es Karl Vossler ausgedrückt: »Der Fachsimpel ist auch in seinem Fach ein Simpel.«[2]

Es geht also nicht nur um die Verantwortung des Historikers gegenüber der eigenen Zeit, sondern auch um die Forderungen, die sich unserer Wissenschaft stellen (sofern man das eine vom andern überhaupt trennen kann). Es geht darum, unsere Disziplinen aufzuschließen zum Dialog zwischen den verschiedenen Wissenschaften (und sei es nur auf dem Feld der Geschichte; aber in Wirklichkeit natürlich weit darüber hinaus).

Alle Wissenschaften (das heißt im speziellen Fall: alle Teilfächer innerhalb der Geschichtswissenschaft) neigen dazu, sich in ihrer Immanenz zu erschöpfen. Das ist zum Teil unerläßlich, in gewissem Grade auch fruchtbar. Aber es kann entschieden zu weit gehen. Dagegen tut es gut, wenn von außen die Forderungen der Zeit auf sie eindrängen. Das tun sie auch in aller Regel. Aber gelegentlich muß man das bewußt machen. Ich meine, das sei heute angesichts der neuen Lage in der Welt erforderlich.

Der erste der im folgenden abgedruckten Aufsätze ist eine überarbeitete Fassung des unter dem gleichen Titel gehaltenen Schlußvortrags der 37. Versammlung deutscher Historiker in Bamberg (12. bis 15. Oktober 1988).[3] Er setzt beim Blick auf die »Welt der Geschichte«, wie sie sich heute darstellt, an und leitet daraus verschiedene Forderungen ab.

Die beiden andern Arbeiten widmen sich umgekehrt einem der konventionellen Gebiete antik-abendländischer Geschichte. Es geht ihnen um bestimmte Eigenarten der Griechen.

Die eine der beiden stellt vor allem Fragen. Sie soll zeigen, wie wir in Hinblick auf die Strukturgeschichte, auch des Altertums, ständig an Grenzen stoßen, die eine vergleichende Einbeziehung anderer Geschichten notwendig machen.

In der andern geht es um den Versuch einer Antwort auf die Frage, wie es bei den Griechen zum Aufkommen einer autonomen Intelligenz kam. Sie war bestimmt für ein Kolloquium über »Achsenzeitkulturen«[4].

Der dritte Aufsatz ist seinerzeit, 1983/84, zwar unter ausdrücklichem oder stillschweigendem Bezug auf andere Geschichten formuliert worden, sucht aber seinen Weg im wesentlichen innerhalb der griechischen

Geschichte. Der zweite, neu geschriebene Text ist dagegen stärker von den Ungewißheiten bestimmt, die sich im Horizont einer sehr viel umfassenderen Betrachtung ergeben. Einen vorangehenden Vortrag unter dem gleichen Titel und mit gleicher These habe ich 1985 im Wissenschaftskolleg zu Berlin gehalten.[5] Nur scheinen mir die jetzt vorgelegten Beispiele aufschlußreicher zu sein.

Vielleicht mag es scheinen, wie wenn sich der Alten Geschichte die Frage nach der Eigenart der von ihr behandelten Völker und der Vergleich mit andern besonders aufdrängte. Ihr Gegenstand zeichnet sich allerdings durch eine interessante Zwischenstellung zwischen frühen und fremden Kulturen einerseits und der mittelalterlich-neuzeitlichen Geschichte andererseits aus. Allein, die Probleme, um die es hier geht, sind deswegen keineswegs auf sie beschränkt.

Wie sehr gerade die Althistorie darunter leidet, daß häufig schon der Vergleich mit der Neueren Geschichte schwierig ist, weil deren Befunde nicht in Hinblick auf deren – erst der Perspektive von außen sich ganz erschließende – Besonderheit formuliert sind, liegt auf der Hand. Vielleicht aber haben andererseits die Neuhistoriker nur noch nicht die Erfahrung gemacht, wieviel sie aus dem Vergleich auch mit der Alten Geschichte für ihre eigene Zeit lernen können. Doch könnte das auch wieder an den Althistorikern liegen.

Wenn sich jedoch solche Schwierigkeiten schon im herkömmlichen Gebiet antik-abendländischer Geschichte auftun – wie viel mehr mit andern! So scheint die Thematik, die sich im Umkreis der vorliegenden Arbeiten auftut, dringend zu sein.

[1] Über das Studium der Geschichte. Hsg. P. Ganz. München 1982, S. 253.

[2] O. Vossler, Einleitung zu: Briefwechsel Benedetto Croce/Karl Vossler, Frankfurt 1955, S. 13.

[3] Der Wortlaut erschien in: Geschichte und Gesellschaft 15, 1989, S. 147 ff., eine überarbeitete Kurzfassung in der ZEIT Nr. 13 am 24. März 1989.

[4] S. N. Eisenstadt (Hsg.), Kulturen der Achsenzeit. Ihre Ursprünge und ihre Vielfalt. Teil 1. Frankfurt 1987, S. 89-127.

[5] Gekürzt abgedruckt in: Wissenschaftskolleg zu Berlin. Jahrbuch 1984/85, S. 365-380.

Die Welt der Geschichte und die Provinz des Historikers

Historiker haben eine Provinz – wenn man jedenfalls den ursprünglichen lateinischen Gebrauch des Wortes zugrunde legt, welcher einen Geschäftsbereich meint. Erst im Laufe der Geschichte – als nämlich den römischen Magistraten bestimmte neue Geschäftsbereiche zuwuchsen, das waren die Verwaltungen eroberter Gebiete – nahm das Wort zunehmend jene Bedeutung an, die uns heute im Alltagssprachgebrauch allein geläufig ist: es wurde zur Bezeichnung eines bestimmten räumlichen Verwaltungsbereichs.

Ich halte mich hier primär an ein verallgemeinertes Verständnis der ursprünglichen Bedeutung: Wir haben alle einen bestimmten Bereich, für den wir zuständig sind, etwa Alte, Mittlere oder Neuere Geschichte. Diese Bereiche, die zumeist bestimmte Epochen umfassen, sind in der Regel aber auch räumlich begrenzt, vielfach auf Deutschland; wenn es hoch kommt, zumeist auf die Länder, in denen sich die antik-abendländische Geschichte abgespielt hat. Insofern ist auch die zweite Bedeutung von »Provinz« hier einschlägig. Wenn man jedenfalls annimmt, daß im Verhältnis zum Ganzen der Welt unsere Bereiche bestenfalls Provinzen darstellen.

Natürlich kann man beim Wort Provinz aber auch noch an etwas Drittes denken: an den Begriff, der die Verabsolutierung des der Provinz Eigentümlichen, des Provinziellen meint, an den Provinzialismus nämlich. Und, um es gleich frei herauszusagen: meine Frage ist, ob, was wir normalerweise so treiben, nicht mittlerweile recht provinziell geworden ist. Stellt man eine Frage, so ist damit noch keine Antwort gegeben. Die Antwort behalte ich mir also fürs erste vor. Ich begnüge mich im Moment mit einer Legitimation, die man in den letzten beiden Jahren von Historikern verschiedentlich gehört hat: »Man wird doch noch fragen dürfen!«[1] Für diesen Fall möchte ich das auch einmal in Anspruch nehmen.

Den Provinzen, denen wir uns, in aller Regel jedenfalls, widmen, korrespondiert die Welt, das Ganze der Geschichte. Vielleicht muß man genauer sagen: das Ganze der Geschichten, deren viele ja auf unserm Globus lange Zeit mehr oder weniger unabhängig voneinander abgelaufen sind und die sich inzwischen so sehr miteinander verknüpft haben, daß sie in hohe Interdependenz geraten sind, folglich nun auch ein *zusammenhängendes* Ganzes zu bilden beginnen. Angesichts einer Zukunft, die so unabweisbar allen Menschen gemeinsam sein muß – wenn es sie denn geben soll –, werden die vielen vergangenen Geschichten zu Vorgeschichten dieser *einen*, freilich weiterhin in sich höchst vielfältigen Geschichte.

Man tut vermutlich gut daran, wenn man im Hinblick auf diese Geschichte nicht von »Weltgeschichte« oder »Universalgeschichte« spricht. Beide Begriffe sind von ihrer Vergangenheit her zu sehr belastet. Beide sind sie zu sehr von der »Singularisierung« bestimmt, die die Geschichte nach einer in Europa seit dem 18. Jahrhundert ins Begriffliche geronnenen Meinung letzten Endes erfahren hat.[2] Die aber zielte auf den Singular einer europazentrischen, bestenfalls atlantisch aufgefaßten Geschichte – konzipiert aus einer Lage heraus, in der sich Europa für die Mitte der Welt halten und in der jedenfalls das moderne Europa oder genauer: die von ihm ausgehende Zivilisation als das Ziel der Weltgeschichte erscheinen konnte. Die anderen Geschichten auf dem Globus schienen dagegen in *evolutionäre Sackgassen*[3] geraten zu sein.

So sehr wir viele Früchte unserer europäischen Geschichte in gutem Gewissen genießen und andere daran teilhaben lassen wollen, nach all dem, was in Europa und von Europa, von der westlichen, ja in gewissem Sinne gar von der nördlichen Welt – und ja leider vor allem von Deutschland – aus geschehen ist, wird man über diese Geschichte so eindeutig und überzeugt nicht mehr sprechen können. Und außerdem gibt es ja noch viele andere Geschichten daneben, die zwar von Europa, vom Westen, vom Norden weitgehend in Mitleidenschaft gezogen worden sind, aber doch noch immer Eigenes genug haben, um in einer Weltgeschichte alten Typs nicht integriert werden zu können. Wir können ihre Wege heute vernünftigerweise nicht mehr als evolutionäre Sackgassen auffassen.

Nicht mehr mit der alten Weltgeschichte haben wir es also zu tun. Eher schon mit einer »Geschichte der Ökumene«, der von Menschen bewohnten Welt. Die Richtung dieser Geschichte ist unklar, ihre Einheit, wie gesagt, erst dabei, sich zu bilden. Blickt man zurück, so hat man es mit einer Mehrzahl von Geschichten zu tun, weniger einer Geschichte der Welt als einer *Welt der Geschichten*, der Vergangenheiten.

Mit »Welt der Geschichte« – Geschichte jetzt als Kollektivsingular genommen – bezeichne ich das Ganze dessen, was einer Zeit als Geschichte präsent ist; vielleicht muß man schärfer sagen: was sich einer Zeit als Geschichte aufdrängt. Es ist keineswegs alles, was als Geschichte hier und da bekannt ist, sondern nur das, was in einem allgemeineren Bewußtsein von Geschichte eine Rolle spielt. In irgendeinem Sinne sind wir bewußt und unbewußt stets von dem Ganzen bestimmt, auf dessen Teile unsere Arbeit sich in der Regel nur beziehen kann. Und sei es, indem das Wissen, was alles wir vernachlässigen müssen, uns unsicher macht (oder uns dazu veranlaßt, uns in Festungen des Positivismus zu verschanzen).

Im späten 18. und größeren Teilen des 19. Jahrhunderts war es die anscheinend auf das moderne Europa, auf umfassenden Fortschritt, auf Recht und Freiheit zulaufende Weltgeschichte, in der alles seinen Platz hatte (sofern es sich ihrem Zusammenhang fügte; der Rest blieb draußen). Dies galt so lange, wie das Bürgertum, dem sich die Historiker zugehörig fühlten, meinen konnte, die Zukunft für sich zu haben. Da war man geneigt, mit einer einheitlichen Tendenz der Geschichte zu rechnen. Die Fortsetzung einer solchen weltgeschichtlichen Orientierung im Marxismus ist ja aus der deutschen Geschichtswissenschaft bis 1945 ausgespart geblieben.

Eine andere Orientierung am Ganzen überblickbarer, als wirksam erlebter und als wichtig sich aufdrängender Geschichte stand am Anfang der griechischen Historie. Herodots zentrales Thema waren die Perserkriege.[4] Und er schrieb, wie man weiß, über die Griechen und über die Perser (und über einige andere, deren Geschichten in die des Perserreichs einmündeten oder sich mit ihr verbanden). Und gerade diese Weite der Perspektive zeichnet jenen Durchbruch durch enge Selbstbezogenheit aus, der damals gelang und durch den die Griechen zur Historie fähig wurden. Dadurch wurde es möglich, generationenübergreifende Abläufe ereignishaft, das heißt offen für die empirische Vielfalt historischer Bewegung aufzufassen und darzustellen. Das war die Entdekkung Herodots und der Griechen seiner Zeit, daß alles Geschehen sich aus dem Handeln mehrerer Subjekte unter kontingenten Umständen ergab. Ägyptische Geschichte war dagegen (soweit sie festgehalten wurde) Geschichte Ägyptens, in Mesopotamien verhielt es sich ähnlich: bis auf Ausnahmen keine Multisubjektivität, keine Kontingenz. Das Geschehen hatte seinen Sinn innerhalb der einzelnen politischen Einheiten, alles andere war dagegen ganz marginal. Einzelne Ereignisse mochte man als »zufällig« verstehen (obwohl wir davon so gut wie nichts hören), monumentale Darstellung von größeren Abläufen jedoch scheint sich gegen solche Auffassung gesperrt zu haben. Selbst Israel empfand das politisch-militärische Geschehen, das es wahrnahm, als speziell auf sich zugemessen: wie wenn das große Assyrerreich seine Feldzüge dorthin nur unternommen hätte, weil Gott Israel strafen wollte!

Herodot dagegen fand, daß er über *alle* am Geschehen Beteiligten berichten müsse; und zwar gleichermaßen und aus deren eigenem Recht. Eben das ist es ja, was unserer Bemühung, die Einheit seiner Darlegung zu suchen, so viele Schwierigkeiten bereitet. Und trotzdem: wie sich die verschiedenen Abläufe berühren, kreuzen und verschlingen, so sind sie letztlich, obzwar unvollkommen, bezogen auf das große Gesamtgeschehen, das Herodot zum Thema hat, die Vorgeschichte und Geschichte der Perserkriege.

Auch hier war ein Ganzes konstituiert, das über alle politischen Einheiten hinaus war, das nicht eine bestimmte Einheit zum Zentrum hatte. Dadurch vermochte Herodot zugleich die Eigenart der Griechen auf der Folie der Perser und – obzwar in geringerem Maße – die der Perser auf der der Griechen zu beleuchten. Er schrieb – dank seiner universalen Perspektive – über Griechen *wie* Perser letztlich Geschichte von außen, genauer: Geschichte aus einer Dritten Position; wenn diese auch primär im griechischen Kontext stand. Für Thukydides dagegen verengte sich der Horizont. Die »Welt der Geschichte« beschränkte sich zu seiner Zeit auf das Griechentum, und sie konnte es tun, da das Perserreich für lange Zeit (freilich nicht mehr für die zweite Hälfte des Peloponnesischen Kriegs) den Griechen gegenüber zu einer randständigen Größe geworden war.

Die »Weltgeschichte« des späten 18. und des 19. Jahrhunderts und die Geschichte aller irgend nennenswert am Geschehen um 500 v. Chr. beteiligten Völker – das sind, meine ich, zwei verschiedene Ausprägungen der »Welt der Geschichte«. In beiden ist vieles, was sonst auf der Welt geschah, vernachlässigt und beiseite gedrängt, weil man davon nichts wußte, weil man es nicht für wichtig hielt oder weil es sich nicht aufdrängte. Einzelne mochten die Dinge anders sehen; Hegel hat die »orientalische Welt« (China, Indien, Persien, »Westasien« und Ägypten) bekanntlich in seiner Philosophie der Weltgeschichte ausführlich behandelt, als »erste Gestalt des Geistes«, als Stufe vor den Griechen. Und er ist damit nicht allein geblieben. Im 18. Jahrhundert kam zugleich ein starkes Interesse an fernen Ländern und Kulturen auf, gerade in Deutschland hat man sich seit dem 19. Jahrhundert auch wissenschaftlich sehr intensiv damit beschäftigt. Aber so sehr man dabei auch die Geschichte einbezog: für die allgemeine Anschauung von »der Geschichte« lag das im ganzen am Rande.

So verblieben die außereuropäischen Kulturen für uns außerhalb der »Welt der Geschichte«. Selbst wo sie die abendländische Geschichte stärker beeinflußten, wie die Araber durch ihren Vorstoß ins westliche Mittelmeer sowie zur Zeit der Kreuzzüge oder dann die Türken, beschränkte sich das Interesse ganz auf eben diese Epochen der Berührung und zumeist sah man selbst dann Araber und Türken mehr aus dem Innern der europäischen Geschichte als von außen, aus einer Dritten Position, und ähnlich erging es den verschiedenen Kulturen, denen wir im Zeitalter der Entdeckungen begegneten und die dann der europäischen Herrschaft unterworfen wurden.

Und mit welcher Arroganz wird zum Teil bis in unsere Tage die Geschichte anderer Völker an europäischen Maßstäben gemessen! Bis hin zu den Fehlannahmen der »Modernisierungstheorie«.[5] Wie leichtfertig und borniert werden die Leistungen und Möglichkeiten anderer unterschätzt![6] Dies alles können wir uns, meiner Überzeugung nach, heute nicht mehr leisten. Wer heute noch die »Welt der Geschichte« auf das Antik-Abendländische beschränkt sieht, ist nicht mehr einfach in den natürlichen Begrenzungen und Akzentuierungen einer Gesellschaft (oder eines Kreises von Gesellschaften) befangen, in einem sinnvoll gegebenen Horizont historischer Betrachtung, sondern er hat schlicht Scheuklappen auf.

Indem alle Staaten auf dem Erdball in enge und immer enger werdende Verbindung zueinander treten, ist auch die Geschichte der fernen und fernsten Länder unabweisbar in unsern Horizont gerückt. Und das *muß* Konsequenzen auch für die historische Betrachtung haben; wie die Gegenwart und die Zukunft (Hoffnungen, Befürchtungen, Erwartungen an die Zukunft) das immer haben. Es hat sie auch; aber bei weitem noch nicht im gehörigen Ausmaß.

Daher ist, scheint mir, eine neue, grundsätzliche Besinnung auf die Aufgaben der Historie notwendig. Daher die Frage, wie sich zu der den Erdball umfassenden Welt der Geschichte die Provinzen der Historiker verhalten!

Mindestens eines ist klar: sie sind in aller Regel relativ sehr klein, zeitlich und räumlich; oft, so will es scheinen, sind es gar eher Kantone als Provinzen; oder auch Dörfer. Sie sind in unserm Bereich aufs Beste ausgebaut, immer neu durchpflügt, organisiert, geputzt, gepflegt, mit mehr oder weniger übersichtlichen Wegen – den Handbüchern – durchzogen. Schließlich sind wir Spezialisten – und *müssen* es sein.

Nur, verwalten wir unsere Provinzen noch in einem angemessenen, verantwortbaren Verhältnis zur Welt der Geschichte? Sollen wir, dürfen wir ihr Verhältnis zum Ganzen dieser Welt dem Geratewohl überlassen – oder müssen wir es bedenken, müssen wir Konsequenzen ziehen, und zwar bis in unsere Alltagsarbeit als Historiker hinein? Können wir am Ende des 20. Jahrhunderts noch so weitermachen wie bisher, wie an einem Strickstrumpf, der länger und länger wird, inzwischen viel länger ist als jedes Bein, weil man nämlich den schwierigen Absatz zu stricken sich nicht zutraut?[7] Anders gesagt: Können wir unter dem Namen »Geschichte« weiterhin im Wesentlichen nur die antik-abendländische Geschichte figurieren lassen? So daß es reicht, wenn der Historiker – obgleich mit sehr großem »Mut zur Lücke« – in deren drei Teilen Antike, Mittelalter, Neuzeit sich einmal umgetan hat, um sich dann nach Kräften zu spezialisieren? Hieße das nicht, die Geschichte weiter auf Europa zulaufen zu lassen? Schlägt da nicht vielleicht das Ausmaß der Partikularität unserer Beschäftigung in die Qualität der Beschränktheit um? Müssen wir nicht grundsätzlich neu ansetzen?

Die Geschichtswissenschaft hat in den letzten Jahrzehnten in vielen Ländern, und so auch in der Bundesrepublik, großartige Fortschritte gemacht. Bessere, feinere, eindringendere Kenntnisse über fast das ganze Feld der von uns zu behandelnden Geschichte hin! Auf vielen Gebieten sind weite Teile der früheren Literatur nur mehr disziplin-historisch von Interesse. Viele ganz neue Bereiche sind erschlossen worden oder dabei, erschlossen zu werden; weite Teile der Strukturgeschichte; Arbeitergeschichte, Geschichte der Geschlechter, der Randgruppen; der Kindheit, des Todes, der Sexualität, der Angst; Mentalitätsgeschichte, überhaupt die anthropologischen Dimensionen der Geschichte; Alltagsgeschichte mit der besonderen Variante der *oral history*; Geschichte der Bilder-, der Vorstellungswelt. Man könnte noch ein ganzes Stück weit fortfahren; etwa Ernährungsgeschichte, Körpergeschichte (darunter die Geschichte der Fähigkeit, bestimmte Ernährung überhaupt zu vertragen), Geschichte des Klimas etc.

Es ergibt sich insgesamt eine beachtliche Bilanz, es zeigt sich eine unerhörte Vitalität historischer Wissenschaft. Unser Wissen ist ungeheuer angewachsen. Die Frage ist allerdings, wessen Wissen es ist: unseres – oder das unserer Bibliotheken; das, was unter uns im Gespräch, unter uns lebendig ist und arbeitet – oder eines, das wir lediglich und bestenfalls bei Bedarf nachschlagen?

Letzthin sind wir in der Bundesrepublik sogar in eine Phase eingetreten, in der einzelne Historiker versuchen, zu historiographischen Synthesen zu gelangen; kein leichtes Unterfangen, und es gelingt ja auch nicht immer (und es wird zuweilen unter den Versuchungen des Buchmarktes auch des Guten zuviel getan).

Allein – all diese Fortschritte, oder seien wir vorsichtig: fast alle beziehen sich, sofern sie im Fach Geschichte erzielt sind, ganz auf den herkömmlichen Umkreis antik-abendländischer Geschichte. Nicht, daß nicht ähnliche Fortschritte auch für andere Teile der Geschichte erzielt würden (und nicht ganz, daß sie nicht gelegentlich auch von unsern Historikern erzielt würden) – aber das vollzieht sich zumeist anderswo (und sehr oft im Ausland) und wird von uns bestenfalls zufällig zur Kenntnis genommen.

Und: die Fortschritte unserer Wissenschaft fordern (wie das bei den Wissenschaften heute so üblich ist) ihren Preis, den Preis zunehmender Spezialisierung (und entsprechend: zunehmender Unübersehbarkeit des Wissens schon innerhalb begrenzter Gebiete). Auf welchem Hintergrund einer (nicht nur historischen) Allgemeinbildung konnten noch unsere Urgroßväter und Großväter ihren Spezialforschungen nachgehen! Was hatten sie nicht alles im Kopf, um bewußt/unbewußt die Besonderheit dessen, was sie untersuchten, gegen Vergleichbares abzusetzen! Sie neigten nicht immer dazu; oft suchten sie mehr die Parallelen als das Unterscheidende – wie gern begannen die Altphilologen Sätze mit den Worten: Schon die alten Griechen ...! –; und sie sind dabei oft genug in die Irre gegangen. Aber sie konnten es auch anders. Und die ganze Gesprächs-, die Vorlesungssituation war eine andere, als selbst für Althistoriker die Namen Napoleon und Ludwig XIV. oder für Neuhistoriker die des Perikles und Constantin nicht eines eigenen Exkurses bedurften, bevor man mit ihnen operieren konnte!

Da stand das Spezialistische noch auf breiter Basis, und auf der hat es sich entwickelt; so sehr, daß schon 1895 Theodor Mommsen feststellen konnte: »Unser Werk lobt keinen Meister, und keines Meisters Auge erfreut sich an ihm; denn es hat keinen Meister, und wir sind alle nur Gesellen«. Schon 1887 hatte er gefragt, »ob nicht auch hierin wir an der Großheit der Entwicklung leiden; ob nicht das Fortschreiten der Wissenschaft die Unzulänglichkeit des Individuums immer schärfer hervortreten läßt«, und er hatte dazu gesagt: »Das sind schwer abzuweisende und noch schwerer zu verneinende Fragen«. 1895 empfindet er im »Bewußtsein dessen, was von uns geleistet werden soll und was geleistet wird«, einen »schweren und mit den Jahren immer sich steigernden Druck«.[8]

Heute wissen wir über unsere engsten Fachgebiete hinaus von Wenigem und sind uns auch darin zumeist recht unsicher. Nicht nur in Hinsicht auf die außereuropäische Geschichte, sondern auch im Rahmen der herkömmlichen Bemessungen unserer Zuständigkeit sind unsere Provinzen recht klein geworden. Und es sind der Spezialisierung inzwischen die Gegengewichte des Allgemeinen abhanden gekommen; die Einordnung des Speziellen in die verschiedenen Zusammenhänge wird immer schwieriger. Vermutlich aber ist es notwendig, daß ein gewisser Hintergrund des Allgemeinen gegeben ist, wenn Spezialisierung, aufs Ganze einer Wissenschaft gesehen, fruchtbar werden soll. Gibt es vielleicht gar eine bestimmte Relation zwischen dem Ganzen und dem Speziellen, die nicht zu Ungunsten des Ganzen verletzt werden darf, wenn die Ergebnisse einer Wissenschaft nicht beliebig werden sollen? Es stellt sich also die Frage, wie wir zwischen dem Speziellen und dem Allgemeinen unseres historischen Interesses das rechte Verhältnis herstellen, individuell wie im Ganzen unserer Zunft. Können, dürfen wir also, um es zu wiederholen, einfach weitermachen wie bisher? Vermutlich müssen wir es, aber – wir müssen es nicht schlichtweg. Irgend etwas muß jedenfalls, so denke ich, ganz anders werden. Und das hängt, um mich auf meine Frage zu konzentrieren, sehr wesentlich mit der Lage der Bundesrepublik und Europas in der Welt, wie sie heute geworden ist, zusammen.

Ich will hier die Frage beiseite lassen, wieweit unsere Forschung und Darstellung für die letzten Jahrhunderte, genau gesagt: für die Epochen seit dem Zeitalter der Entdeckungen die Beziehungen zu den fernen Ländern gebührend berücksichtigt; jenen Ländern, die uns so vieles geliefert und so vieles von uns auch absorbiert, die so vieles ermöglicht, die den Horizont ausgemacht haben, in dem sich die europäische Geschichte in den letzten Jahrhunderten abspielte (um von Schlimmerem zu schweigen). Vermutlich fehlt es auch hier noch an manchem, doch weiß ich davon nicht genug.

Meine Frage zielt vielmehr – das sollte inzwischen deutlich sein – ein Stück darüber hinaus: Ob wir nämlich genügend tun, um – unabhängig von den Beziehungen, den Interdependenzen, den Wirkungen und Gegenwirkungen europäischer und außereuropäischer Geschichte – dem Tatbestand gerecht zu werden, daß die »Welt der Geschichte« heute den ganzen Globus umfaßt.

Und ich möchte diese Frage zugleich im allgemeinen stellen: Ob wir uns nämlich nicht neu darauf besinnen müssen, wie wir zwischen dem Speziellen und dem Allgemeinen der Geschichte das rechte Verhältnis herstellen, im engeren wie im weiteren Rahmen.

Die Antwort hängt davon ab, wie man die Aufgabe des Historikers und der Geschichtswissenschaft überhaupt bestimmt. Ich kann dazu nur – gewiß sehr subjektiv – meine eigene Auffassung thesenhaft und kurz formulieren.

Ich finde nicht, daß Historiker nur für Historiker oder anders: für Bibliotheken, die dann vor allem von Historikern benutzt werden, arbeiten. In der neueren und vor allem in der neuesten Geschichte geht das ohnehin nicht, da die Öffentlichkeit uns manche Information, manches Ergebnis geradezu abverlangt. Aber auch wo dies nicht der Fall ist, dürfen wir uns nicht einfach der fachlichen Selbstbefriedigung hingeben. Manches ist uns vom Betrieb auferlegt. Junge Historiker müssen sich qualifizieren, müssen, sei es »weiße Flecken« entdecken, sei es, auf den Gebieten sich tummeln, die gerade »in« sind; Kollegen müssen widerlegt oder wenigstens bekämpft werden, auch die Schüler von Kollegen; schließlich kommen wir, so scheint es, ohne Sippenhaft nicht ganz aus (und nicht jeden Kollegen kann man totschweigen). Außerdem tauchen ja innerhalb der fachlichen Arbeit eine Menge Probleme auf. Aber es sollte nicht dazu kommen, daß Wissenschaften Riesenmaschinen gleichen, deren Ausstoß nur dazu da ist, andere Maschinen zu füttern, deren Produkte ebenfalls außerhalb des Betriebs nicht gefragt sind. Ich karikiere etwas; in Wirklichkeit bringt selbst eine auf zeitlich ferner gerichtete Wissenschaft wie zum Beispiel die Alte Geschichte schon einiges auf den Markt der allgemeineren wissenschaftlichen oder gar der gesellschaftlichen Öffentlichkeit. Aber wenn man sagt, daß etwa neunzig Prozent ihrer Hervorbringungen nur von Althistorikern für Althistoriker verfaßt sind, dann greift man vermutlich nicht zu hoch; die Rate schwankt freilich nach Ländern – und ich will mich gern widerlegen lassen.

Jedenfalls finde ich, um es positiv zu formulieren, daß Historiker – unabhängig von ihren politischen Überzeugungen und ihren persönlichen Bedürfnissen – eine zeitgenössische Verantwortung haben.[9] Wenn man es anspruchsvoll formulieren will, könnte man mit Nietzsche sagen: die Verantwortung, gegen die Zeit und dadurch auf die Zeit und hoffentlich zugunsten einer kommenden Zeit zu wirken.[10] Guardini sprach von den Universitäten als dem Ort, wo nach Wahrheit geforscht wird, wo menschliche Dinge an den Maßstäben der Vergangenheit gemessen werden und – wo die wachste Verantwortung für die Allgemeinheit leben muß.[11]

Aber man kann es auch bescheidener fassen: Der Historiker hat es zu tun mit Politik, politischer Form und Gesellschaft, Wirtschaft, Religion; mit Arbeit und Identität, mit Alltag und Fest, mit Krieg, Frieden und allerhand Mischungen dazwischen, mit »großer« und »kleiner« (Alltags-) Geschichte; mit Veränderungen und Veränderungsweisen von Zuständen; mit den Menschen als in dieses Geschehen handelnd, leidend und sich verwandelnd verwickelten Wesen. Er hat es zu tun mit den komplizierten Zusammenhängen, zu denen diese und andere Faktoren sich jeweils neu fügen; mit den Möglichkeiten und Grenzen ihrer Veränderbarkeit durch intentionales Handeln; mit dem je andern Verhältnis zwischen menschlichen Handlungen und deren Wirkungen, zwischen Sachzwängen und Gestaltungsfreiheit, Macht in den Verhältnissen und Macht über die Verhältnisse. Er besitzt besondere Werkzeuge und Fähigkeiten – oder sollte sie besitzen –, um darüber Klarheit zu schaffen. Er verwaltet eine Unsumme menschlicher Erfahrungen. Wie sollte er sich da nicht genötigt sehen, von diesen Fähigkeiten und Möglichkeiten Gebrauch zu machen – zugunsten einer in schnellem, sich noch beschleunigendem Wandel befindlichen, zunehmend orientierungsbedürftigen Öffentlichkeit?

Die Weisen, wie er das tun kann, sind verschieden. Das ungeduldige Buhlen um öffentliche Aufmerksamkeit ist oft eher kontraproduktiv; die Forderung nach »Relevanz« vielfach in einer Weise angewandt worden, daß sie eher dem Palaver als origineller (und das heißt ja zumeist: langfristig angelegter) Forschung günstig gewesen ist. Und es ist auch nicht jedermanns Sache, irgendwelche politischen Ziele, und seien sie noch so hehr, als seine Erkenntnis-Interessen zu deklarieren.

Indes können diese und andere, insgesamt oder jedenfalls zum Teil für manch einen von uns fragwürdige Konsequenzen aus einem Anspruch auf öffentliche Verantwortung des Historikers diesen Anspruch als solchen noch nicht widerlegen. Nur tut man gut daran, genauer zu formulieren, was damit denn gemeint sein solle.

Es kann meinem Urteil nach als allgemeine Maxime nur die Pflicht sein, den Wissens-, den Erkenntnis-, den Orientierungsbedarf einer Zeit nach Möglichkeit zu erfüllen; und zwar – das ist wichtig – innerhalb der eigenen Wissenschaft.

Das geschieht in irgendeiner Weise ständig. Denn welche Fragen wir stellen und wie wir sie stellen, das ist – wie man mindestens aus wissenschaftsgeschichtlichen Studien gut weiß, wie man es aber doch auch an sich selbst erfährt – auf vielfältigen und oft geheimen Wegen auch durch die jeweiligen Probleme der Zeit bestimmt. Durch die formulierten wie durch die nicht-formulierten. Die Diskussionen über die Kriegsschuld im Ersten Weltkrieg regten auch Arbeiten zur Kriegsschuldfrage im Zweiten Punischen Krieg an. Die In-Frage-Stellung der Staats-Kategorie für das Mittelalter hatte gewiß mit dem Unsicherwerden der überkommenen politischen Einheiten zu tun, und Entsprechendes läßt sich für die Frage nach nationalen und kulturellen Identitäten, nach der Frauengeschichte, nach Sozialdisziplinierung, dem Verhältnis von Makro- und Mikrogeschichte[12] und vielem andern feststellen.

Verantwortung ist insoweit ein bewußt-unbewußtes Sich-zur-Antwort-aufgerufen-Wissen gegenüber dem, was die eigene Zeit bewegt. Man zieht Konsequenzen aus In-Frage-Stellungen, man richtet die Fragen der Gegenwart an die Vergangenheit; man lernt dadurch für das eigene Forschungsgebiet sehr viel, kann vieles an ihm unverhofft entdecken oder erschließen; man lernt aber auch über die Fragen einiges, was man dann gleichsam der Gegenwart zurückzugeben vermag, auf daß diese in die Lage komme, ihre Probleme aus größerer Distanz zu sehen und ihre eigenen Fragen gewissen Zweifeln zu unterziehen. Noch die selbstvergessene, weltabgewandte, scheinbar ganz dem Fernen, Fremden hingegebene Forschung kann dadurch angeregt und gelenkt sein. Selbst wenn man seine Fragen an das antike Rom oder Griechenland richtet, kann man daraus über die Fragen der Gegenwart etwas entnehmen. Insofern wirkt die Verantwortung des Historikers in gewissem Umfang von selbst. Die Forderungen der Zeit und das Interesse der Wissenschaft laufen auf das Gleiche hinaus.

Aber man kann eine solche Verantwortung auch bewußt machen. Es kann eine öffentliche Besinnung innerhalb der Geschichtswissenschaft angestoßen werden, auf daß bestimmte Probleme deutlicher, drängender, verpflichtender werden. Das ist nicht in jeder Weise günstig. Denn die Probleme, die heute bewußt werden, die sich formulieren lassen, sind nicht unbedingt die, die morgen noch aktuell sind; um von übermorgen zu schweigen. Und wenn eine ganze Disziplin sich veranlaßt sieht, der Aktualität hinterdrein zu laufen, so sind die Folgen oft verheerend.

Allein, zum einen droht das im Moment gar nicht (denn so beweglich sind die Dinge nun wieder auch nicht), zum andern aber gibt es, scheint mir, Dinge, die sollte man nicht einfach dem Geratewohl überlassen. Man darf ja auch das Heute nicht versäumen, nur weil ein Morgen zu erwarten ist. Es gibt jedenfalls Situationen, in denen eine Besinnung auf die Verantwortung des Historikers seiner Zeit gegenüber dringend ist.

In einer solchen Situation befinden wir uns heute in der Bundesrepublik. Was immer wir an Konsequenzen aus der allgemeinen Problematik unserer immer weiter wuchernden Spezialisierung ziehen mögen, eines jedenfalls verlangt aufs dringendste der bewußten Neuorientierung, das ist die Geschichte der asiatischen und afrikanischen Völker und Kulturen.

Dabei steht ein Gesichtspunkt meiner Ansicht nach im Vordergrund: Je enger wir auf dem Globus mit fremden Völkern und Kulturen in Verbindung kommen, um so dringender wird es, daß wir sie und daß sie uns in unserer jeweiligen Eigenart begreifen. Wie wollen wir mit den Angehörigen fremder Völker und Kulturen auf die Dauer umgehen, wenn wir die Verhaltensmuster, die Wertschätzungen nicht kennen, die bei ihnen gelten; wenn wir nicht wissen, was sie über Arbeit und Fest, über Zeit und Lebenssinn, über Tod und Ehre denken; nicht wissen, wie bei ihnen die Individuen sich auf die Gesellschaft zu beziehen pflegen. Wenn wir keine Vorstellung davon haben, wie wichtig ihnen im Ganzen und in den speziellen Fällen ihre kulturelle Identität ist. Und das heißt doch zugleich: wenn wir nicht verstehen, aus welchen guten historischen Gründen sie so geworden sind, wie sie sind. Und nicht zuletzt: welche Probleme sie mit dem bei ihnen Hergebrachten haben, das sich in so vielem doch als stärker erweist als das unserer Vermutung, ja unserer Überzeugung nach (und vielleicht gar wirklich) Angebrachte! Diese Frage zwischen Hergebrachtem und Modernem stellt sich besonders dem Historiker. Wie vieles in der Dritten Welt scheint sich auf den ersten Blick unsern europäischen oder mehr noch: amerikanischen Erwartungen zu fügen, wie weitgehend vermögen sich die Angehörigen fremder Kulturen auf unsere Worte und Betrachtungen einzulassen! Und wie sehr sind sie doch zugleich in alten Normen und Auffassungen verwurzelt, fühlen sie sich in ihrer Identität durch den von außen ihnen nahegelegten oder aufgezwungenen Wandel geradezu bedroht[13], bedürfen sie also eines sehr viel tieferen Verständnisses von unserer Seite, als wir es ihnen normalerweise entgegenbringen.

Umgekehrt entsteht das Problem, daß wir ihnen unterhalb des Oberflächlichen erklären, wer wir sind; unsere Eigenart, unsere Besonderheit, der sie sich keineswegs anpassen, die sie aber doch verstehen sollen. Es wird nötig sein, unsere Geschichte ihnen gegenüber ganz anders zu präsentieren, wenn es jedenfalls gilt, ihnen plausibel zu machen, wie wir zu dem wurden, was wir sind. Jedenfalls werden wir mit ihnen auf die Dauer nicht nur Geschäfte machen, an ihnen nicht nur folkloristische Eigentümlichkeiten beobachten können. Vielmehr brauchen wir doch auch den Dialog, die gegenseitige Respektierung, die Kenntnis voneinander.

Ich will damit andere Probleme in diesem Zusammenhang keineswegs unterschätzen. Etwa dasjenige einer genaueren Erkenntnis des in Entstehung und ständiger Veränderung begriffenen Weltsystems (das übrigens viele Fragen in Hinsicht auf frühere Weltsysteme freisetzt), die Probleme des Transfers von Technik, Wissenschaft, Kultur; und viele andere, darunter auch dasjenige der größeren historischen Zusammenhänge, in denen man die eigene und die fremde Geschichte künftig wird sehen müssen.

Trotzdem meine ich, daß das für das gegenseitige Verständnis so zentrale Problem des Begreifens der verschiedenen Eigenarten der Völker und Kulturen den Historikern ganz besonders, und zumal, daß es ihnen in all ihren Teilbereichen gestellt ist. Viele Fragen, die uns neuerdings wichtig geworden sind, etwa die nach den anthropologischen Dimensionen der Geschichte laufen darauf hinaus. Eine ganz ähnliche Problematik stand übrigens schon zu Anfang des Jahrhunderts im Zentrum des wissenschaftlichen, zumal religionssoziologischen Interesses Max Webers. Er hatte damit die Konsequenz gezogen einerseits aus dem Zusammenbruch der welthistorischen Orientierung des Bürgertums, andererseits aus dem Bewußtsein einer tiefen In-Frage-Stellung der eigenen Eigenart und derjenigen der Erziehung, der Gesellschaft, die dahinter standen.

Daß er aus diesen In-Frage-Stellungen heraus zu fruchtbarster neuer Forschung gelangte, ist bekannt. Er nahm etwa die Griechen nicht einfach als selbstverständlich, als ein gleichsam von vornherein durch eine Reihe von Erbqualitäten bestimmtes Volk (so sehr er geneigt war, den Einfluß der Vererbung hoch zu veranschlagen).[14] Er nahm sie vielmehr – wie alle andern auch – als zu Anfang unbeschriebene Blätter; jedem Volk, das in die Geschichte aufbrach, waren, so vermutete er heuristisch, alle Möglichkeiten gegeben; jedes hatte gleichsam den Kapitalismus als Angebot in die Wiege gelegt bekommen. Nur haben alle andern außer dem modernen Europa davon keinen Gebrauch gemacht.

Wenn man so fragt, wenn einem nichts von vornherein festgelegt scheint, ist man frei, ja geradezu herausgefordert, die weitere Geschichte genau auf die Herausbildung der jeweiligen Eigenart zu prüfen. Webers Kenntnis anderer Völker und seine vergleichende Perspektive kamen dieser Untersuchung sehr zugute.

Was immer man heute von seinen Feststellungen im einzelnen (und von den Ergebnissen anderer, die er benutzte) halten mag: das Verfahren ist nicht überholt, ja in vielen Teilbereichen der Wissenschaft – so etwa in der Alten Geschichte – noch nicht einmal eingeholt: Eigenarten und Geschichten nämlich ohne Leerformeln (wie der Behauptung bestimmter a priori vorhandener Volkseigenschaften) und im Vergleich zu untersuchen; jede Kultur aus einer Perspektive zu betrachten, die stets die andern Kulturen, die andern bekannten möglichen Ausprägungen menschlicher Art mit in den Blick nimmt: also auch (und wieder) Geschichte von außen, genauer: von einer Dritten Position aus; wie bei Herodot, nur jetzt sehr bewußt und konsequent, wenn auch – unvermeidlicherweise – wiederum aus dem Kontext einer bestimmten Kultur heraus, in diesem Fall der unsern. Max Weber ist damit relativ früh zu einem Ansatz gelangt, der heute überfällig ist.

Ich möchte zur Illustration kurz in meine eigene Wissenschaft ausweichen. Sie verdient hier gerade deshalb Interesse, weil die Alte Geschichte nicht unbedingt im Verdacht steht, von der Gegenwart sonderlich tangiert zu sein. (Manch einer würde wohl fragen, wo wir denn da wohl hinkämen. Aber diese Frage bezeugt, genau besehen, nur einen Mangel an Phantasie.)

Auch für die Griechen mehren sich die Stimmen, die Einsichten, wonach sie uns im Grunde recht fremd geworden (und immer gewesen) sind. Auch sie beginnen wir von außen, als eine (freilich welthistorisch ungeheuer folgenreiche) Möglichkeit neben andern zu betrachten. Wie kam es bei ihnen zur Demokratie, zur Philosophie? Das hat man früher kaum, jedenfalls kaum sehr intensiv gefragt. Es verstand sich ja von selbst: so ein begabtes Volk! Und: waren sie nicht überhaupt das Volk der Demokratie, der Philosophie, der Tragödie etc.?

Heute dagegen drängt sich die Frage zunehmend auf. Und offensichtlich kaum aufgrund des unerforschlichen Gangs der Forschungsintentionen, die in den immanenten Verstrickungen eines Fachs bald hierhin bald dorthin schwappen. Sondern letztlich doch wohl aus der veränderten Stellung Europas in der Welt heraus. Mindestens in Frankreich scheint sich das deutlich auch innerhalb der Alten Geschichte niederzuschlagen; aber nicht nur dort. Man wird die Griechen künftig bewußt als einen Fall der Kulturbildung neben andern betrachten müssen. Weil man anders nicht sehen kann, was an ihrer Geschichte so besonders ist.

Und es ist sehr reizvoll. Dazu ein Beispiel: Althistoriker sind gern, wenn man sie nach den Voraussetzungen der Demokratie bei den Griechen fragt, geneigt, darauf zu verweisen, daß diese schon früh, zu den Zeiten Homers eine Volksversammlung hatten. Da scheint der Schritt zur Demokratie nahegelegen zu haben und nicht gar so problematisch gewesen zu sein. Nun weiß man aber, daß auch die Inder in ihrer frühen Geschichte Volksversammlungen hatten, für das alte Mesopotamien wird es mit Wahrscheinlichkeit erschlossen, auch für weitere Fälle ist es bezeugt oder anzunehmen.[15] Demgemäß ist es nicht sehr auffällig, daß die Griechen in ihrer Frühzeit Volksversammlungen hatten, sondern daß sie sie – als einzige – im Laufe der Kulturbildung bewahren konnten. Ein Blick über die Grenzen des Fachs hinaus also, und die Fragen stellen sich anders, schwieriger, erkenntnisträchtiger! Nun muß die Besonderheit der Griechen nicht aus Anfänglichem, Ursprünglichem, Rätselhaftem erklärt (oder gerade nicht erklärt) werden – so viel davon auch übrigbleibt –, sondern aus ihrer Geschichte. Die Griechen waren, was sie wurden.

Ein zweites Beispiel: die Frage nach den Voraussetzungen der Entstehung ihrer Philosophie (die man letzthin aus einem Zusammenhang mit der Demokratie zu beantworten beginnt), kompliziert sich erheblich, wenn man die alte indische, vor allem die alte chinesische Philosophie mit im Auge hat, die beide offensichtlich nichts mit Demokratien zu tun hatten. Vielleicht erfahren wir aber aus deren Studium zugleich etwas Genaueres über die Griechen: wenn sich nämlich im einzelnen wahrscheinlich machen ließe, daß es jeweils bestimmte gesellschaftliche und politische Problemlagen waren, auf die die Entstehung von Philosophie antwortete. Wobei die Unterschiede dieser Lagen und diejenigen zwischen den Philosophien einander derart entsprechen müßten, daß die Beziehungen zwischen Realität und Philosophie sich gegenseitig bestätigten und zugleich erlaubten, sie im Vergleich schärfer herauszuarbeiten.

Man wäre um weitere Beispiele nicht verlegen: Wie oft hat sich schon erwiesen, daß eine Erscheinung, die wir für spezifisch griechisch halten, sich auch anderswo findet? Nicht nur frühe Volksversammlungen, sondern auch sportliche Wettkämpfe,[16] die Vielzahl von in großem Kreis gemeinsam gefeierten Festen. Was bei den Griechen daran besonders war, läßt sich nur ausmachen, wenn man es genau gegen die anderen abgrenzt. Dann erst kann sich auch ergeben, was es etwa bei ihnen mit dem »Agonalen« auf sich hatte. Dann kommt man dazu, undifferenzierte Konstrukte wie das eines stärker oder schwächer ausgebildeten »historischen Sinns« aufzulösen, um dann analytisch herausarbeiten zu können, was der griechischen Historie und überhaupt was ihrer Auffassung von Zeit und Welt (die ja viel weniger historisch war als die unsere) spezifisch war.[17] Dann erst kann sich ergeben, worin die Eigenart griechischer Ratio bestand (welche ja auch, sowohl nach den Formen des Denkens als auch nach der Erstreckung von Rationalität auf die verschiedenen Gebiete der Kultur, ihre Geschichte und ihre Spezifika hatte).[18] Die Weichenstellungen griechischer Kulturbildung werden deutlich erst auf dem Hintergrund anderer. Die Herausforderungen, auf die die Tragödie[19] und dann die platonische Philosophie antworteten, wird man richtig erst verstehen können, wenn man durch vergleichende Studien klärt, was für Balancierungsprobleme Gesellschaften angesichts ganz neuer politischer Strukturen haben und wann der »Schritt ins Freie«, den die griechische Demokratie bedeutet, über alle andern hinausgeht. Die Rolle des Politischen, das eigenartige Menschenbild der Plastik, die spezifische Mischung von Volks- und Hochkultur, von Urtümlichem und Rationalem – all das und anderes, das ja auch das moderne Europa bedingt, muß in der Gesellschaft der verschiedenen Weltkulturen neu verstanden und rekonstruiert werden.

Wenn man aus diesen – und zahlreichen andern möglichen – Beispielen einen Schluß ziehen wollte, so müßte er etwa lauten, daß in vielen Fragen die Gewinnung der rechten Fragestellung wie die Erarbeitung adäquat begründeter Antworten davon abhängt, daß man über die einzelne historische Disziplin hinausgreift und nach direkten oder eher indirekten Analogien fragt, nach dem Vorkommen respektive Fehlen von Entsprechungen. Ja, man wird feststellen müssen, daß Aussagen über griechische Besonderheit, die nicht auf umfassender Berücksichtigung anderer Kulturen basieren, nicht mehr den wissenschaftlichen Standards entsprechen, wenn diese denn dadurch bestimmt sind, daß der Wissenschaftler verpflichtet ist, alle Erkenntnismöglichkeiten, die sich ihm bieten, zu nutzen. Zumindest muß er, wenn er denn nicht alles auf einmal machen kann, die Vorläufigkeit solcher Aussagen stark betonen.

Wenn man aber in großem Stil vergleicht, kann es nicht nur darum gehen, das jeweils Besondere an den einzelnen Fällen zu studieren, sondern es ist zugleich auch das Gemeinsame zu erarbeiten. Man wird bestimmte generelle Aussagen anzustreben, eine bestimmte Sach- und Zusammenhangskenntnis sich anzueignen, Theorien zu erarbeiten haben, welche es erlauben, verschiedene Faktoren in verschiedenen Gesellschaften aufeinander zu beziehen; und zwar in einer Weise, daß diese sich zu einem allgemeineren Diskurs hin erschließen.

Man weiß zum Beispiel, um es zu wiederholen, von den Griechen und vielen andern Völkern, daß sie zahlreiche Feste feierten. Will man nun das spezifisch Griechische daran ermitteln, so kann man kaum nur die Befunde gleichsam aufeinanderlegen und dann zusehen, wo der griechische über die andern hinausragt. Vielmehr fragt es sich etwa nach den Funktionen des Fests. Und da hinwiederum spricht vieles dafür, daß sie unter anderm in der Gewährleistung gesellschaftlicher Integration bestanden. Man kommt dadurch auf die Frage nach dem Unterschied zwischen den griechischen Gemeinwesen und etwa dem modernen Staat, das heißt auf das Problem, was es für eine Gesellschaft bedeutet, daß sie ihre Integration durch Feste sichern muß.[20]

Speziell beim Fest der griechischen Tragödie legt sich die Vermutung nahe, daß dort in einer äußerst schwierigen Situation an der »mentalen Infrastruktur« gearbeitet wurde. Wie aber kann man solch eine Vermutung absichern – wenn nicht, indem man fragt, wie es in andern Gesellschaften mit dem Problem der mentalen Infrastruktur und ihrer Fortbildung unter den Bedingungen raschen Wandels stand; ja was man überhaupt unter einer solchen mentalen Infrastruktur sinnvollerweise verstehen kann. Man stößt dann auf Unterschiede in der Bedeutung von Kunst, von Öffentlichkeit, von Symbolen, von Ideologien etc. Das heißt: nicht nur das Fest als solches, sondern auch seine Funktion muß mit Entsprechungen verglichen werden, und man gerät dabei in weite Zusammenhänge. Übrigens fragt es sich bei den Festen auch, ob man sie nicht im Rahmen einer Theorie der Zeit (und der Ökonomie der Erwartungen) zu betrachten hat. Kann es sein, daß, was sich früher gern im Rhythmus zwischen Alltag und Fest abarbeitete und regenerierte, in den letzten Jahrzehnten oder Jahrhunderten stärker auf die längerfristigen Einteilungen zwischen Arbeit und Ferien oder zwischen der mühseligen Gegenwart und einer durch Fortschritt zu erreichenden großen Zukunft verlagert hat? Was ja nicht uninteressant wäre für den weiteren Zusammenhang, in den diese Phänomene gehören.

Und so ergäbe sich im Hinblick auf die eigenartige Weise der Griechen, ihren Poleis zuzugehören, zunächst die Frage, wie solche »Bürger-Identität« überhaupt zu verstehen, wie sie verschränkt ist mit Arbeitsauffassung, Zeiterfahrung, Todesvorstellungen, Adelsidealen, aber auch mit bestimmten Abgrenzungen der Bürgerschaft gegen Sklaven, Frauen, nicht zuletzt gegen Nicht-Bürger, die die gleiche Sprache, die gleiche Religion, die gleichen Lebensformen haben und eben doch in sehr entschiedenem, in aller Regel unabänderlichem Sinn als nicht-zugehörig gelten.[21] Man gerät auch hier in einen weiten Zusammenhang, den Faktoren konstituieren, die anderswo ganz anders zueinander stehen. Jeder von ihnen kann genauer nur bestimmt werden im Vergleich unter verschiedenen Kulturen. Die Arbeitsauffassung der Griechen, ihre eigenartige Geringschätzung aller oder mindestens vieler Formen der Arbeit erscheint vermutlich nur im Vergleich zur Neuzeit als nahezu unverständlich, das heißt dieser Vergleich ist zu grob, und es wäre sehr viel besser, wenn man sie mit Arbeitsauffassungen anderer Kulturen vergliche, die im Grunde ähnlich sind, denen gegenüber also das Spezifische der Griechen stärker herauskommt. Es wird mit den besonderen Formen der Bürger-Identität zusammenhängen.[22]

Diese Bürger-Identität aber müßte einerseits sehr viel schärfer zu fassen sein, wenn man sie mit den Formen der »Nationalen Identität« der Neuzeit vergleicht, auch die Absetzung gegen Formen kollektiver Identität in ganz anderen Kulturen wäre von Interesse. Es ginge nicht nur um deren Ausprägung, sondern insbesondere auch um ihren Stellenwert. Denn der Faktor der Identität, die Frage, wer man ist, ist von uns bisher ja gern unterschätzt worden, und sofern wir neuerdings um das Problem der nationalen Identität kreisen,[23] liegt uns doch etwa der Gedanke völlig fern, wie es um die Identitätsprobleme in Entwicklungsländern steht, die vieles von Amerika und Europa zu übernehmen haben, sich insofern als die Unterlegenen, auch in ihrer Eigenart Bedrohten fühlen müssen, und deren Stolz sich dann leicht dagegen aufbäumt; zumal wenn das Europäische und Amerikanische ihnen an ihren eigenen Maßen gemessen im Ganzen nicht sonderlich überzeugend erscheinen kann. Herkommen, Eigenart, Geschichte können in diesem Zusammenhang eine neue, wichtige Rolle spielen. Sowohl zur Erkenntnis wesentlicher historischer Phänomene wie zur Orientierung der Gegenwart stellen sich uns hier also wichtige Probleme.

Daran schlösse sich die weitere Frage, warum eine Erstreckung der Zugehörigkeit über die Stadt (und eventuell einen Städtebund) hinaus bei den Griechen nie möglich war – es sei denn in der von außen gestifteten neuen Weise des Bewußtseins als *cives Romani*.[24] Woran also fehlte es ihnen? Grob gesagt vermutlich an einigen Voraussetzungen, aus denen in der Neuzeit der Staat und speziell die Nation erwuchsen. Aber welche mögen das gewesen sein und wie kam es dazu, daß sie sich in Europa, ja dann sogar in den Vereinigten Staaten von Amerika bildeten? Und wo liegen ihre Grenzen, deren Überwindung etwa im Sinne einer europäischen Identität heute schwierig wäre? Ich möchte dazu keine Vermutungen anstellen, aber eines scheint mir klar zu sein: Auch hier geht es darum, nicht nur einzelne Faktoren, sondern weitere Zusammenhänge für die Griechen und für die Neuzeit, zudem für Rom und zugleich für die afrikanischen und asiatischen Länder – und frühen Hochkulturen – vergleichend zu eruieren.

Das gleiche gilt für einen weiteren Aspekt dieses Problems, die Frage nämlich, wieweit der Erschließung von Möglichkeiten im Prozeß einer Kulturbildung immer zugleich die Abschneidung, das Verlernen anderer entspricht. Hier geht es insbesondere um die Wandlungskapazität einer Kultur. Sie ist nicht zu verwechseln mit deren Variationskapazität. Beispiele wie die des ägyptischen Pharaos Echnaton weisen auf einigen Spielraum. Aber zumeist, so scheint es, kann er langfristig nicht genutzt werden. Verschiedentlich hat sich in der chinesischen Geschichte das Weltbild der konfuzianischen Lehre als falsch erwiesen, und trotzdem hat es sich eine lange Reihe von Jahrhunderten hindurch immer wieder durchgesetzt;[25] und man weiß noch nicht, wieviel davon heute neuerdings wieder belebt wird (wieviel sich in einer tieferen Schicht durchgehalten hat). Welche Umstände also ermöglichen der einen Gesellschaft eine wirkliche Durchbrechung ihres Horizonts? Und wie wird die andere dazu genötigt, sich ihm immer wieder einzufügen, auch wenn sie ihn zeitweise zu überspielen vermag? Spielt das Alter von Institutionen vielfach nur scheinbar eine Rolle – oder ist es eine beachtliche, letztlich starke Qualität, die jedenfalls kurzfristig nicht abgearbeitet werden kann? Es kann nicht bezweifelt werden, daß solche Fragen hochaktuell sind; für manche asiatischen und afrikanischen Länder besonders. Aber die Frage nach den abgeschnittenen Möglichkeiten, den Grenzen der Lernfähigkeit könnte auch für uns von Interesse sein, bei aller jedes bisher dagewesene Ausmaß weit übersteigenden Wandlungsfähigkeit.

Wenn zugegeben wird, daß solche Fragen wichtig sind und daß sie sich heute stellen, und zwar speziell dem Historiker stellen, so müßte zugleich klar sein, warum wir weithin auf vergleichende Betrachtungen und Untersuchungen angewiesen sind. Sonst läßt sich vieles gar nicht erkennen, vieles nicht einordnen. Es geht nicht um gelegentliche Seitenblicke über die Fachgrenzen hinaus, sondern um systematische vergleichende Forschung. Es geht darum, das Wissen von den Faktoren und Zusammenhängen allererst zu erarbeiten, das zu einer Strukturgeschichte erforderlich ist; mindestens sobald es sich um fremde Länder und ferne Zeiten handelt, vermutlich aber auch für die neuere und neueste Geschichte Europas und Amerikas; soweit diese nämlich ihrerseits einer distanzierten, vergleichenden Betrachtung bedarf. Dies aber ist, scheint mir, der Fall.

Denn es stellen sich nicht nur die Fragen im Zusammenhang der heutigen Welt neu, sobald man sich der Notwendigkeit und der Möglichkeiten eines »Dialogs der Eigenarten« bewußt ist, sondern auch die Antworten müssen anders formuliert werden. Nämlich von außen, aus einer Dritten Position, so, daß sie auch von denen gelesen und verstanden werden können, denen das engere Fach eher fremd ist; die aber etwa ihrerseits vergleichen und vor allem das Fremde verstehen wollen.

Freilich müssen wir von unsern Lesern – wenn sie sich denn über »unsere« Geschichte orientieren wollen – erwarten, daß sie uns immer weiter ins Innere dieser Geschichte folgen. Wir müssen ihnen aber auch den Rückweg zeigen, das heißt uns und sie instand setzen, was sie dort finden, mit anderm in Beziehung zu bringen und zu verallgemeinern. Sonst laufen sie Gefahr, vielleicht vieles zu verstehen, aber zu wenig zu begreifen. Sonst fühlen sie sich rasch zu vertraut mit dem Gegenstand, den sie doch zugleich als fremd erkennen sollen. So sehr es immer wieder notwendig sein wird, feiner und immer feiner zu fragen, so wichtig ist es doch auch, die Dinge ein wenig vereinfacht, vor allem aber mit Hilfe allgemeinerer Begriffe angemessen und vergleichbar nach außen darzustellen.

Und da gibt es gerade auch für die Neuzeit viel zu tun. Bei aller bewundernswerten Liberalismusforschung: gibt es wirklich schon die Darstellung, die die Eigenart des Liberalismus überhaupt als »westliches« – und nur westliches – Phänomen in seinem spezifischen historischen Zusammenhang mit der Dialektik von Staat und Kirche, Staat und Gesellschaft, mit der Entfaltung des relativ großen »Privatraums«, der spezifisch neuzeitlichen Individualität etc. für andere plausibel macht? Wieweit sind wir in der Lage, neben Parteiengeschichte und Parteienlehre die Besonderheit unseres Parteiungssystems für Fremde klarzumachen, das heißt die Tatsache, daß hier – und nur hier – Interessenvertretung im einzelnen und Auseinandersetzung um wesentliche Strukturprobleme zwischen den gleichen Parteien erledigt werden können. Während etwa die Antike nur gegenstandsabhängige Parteiungen kannte.[26] Wissen wir schon genug über die bei allen Unterschieden spezifisch europäische Fähigkeit zum »Gemeinschaftshandeln«, wie Max Weber sie so betont hat; über die spezifisch europäischen Formen der Partizipation, der aktiven Teilhabe am Ganzen, die doch wohl eine gewisse (wenn auch lange Zeit über keineswegs universale) Gleichheit über allen Unterschieden innerhalb der Gesellschaften voraussetzt, Gleichheit nicht unbedingt im Recht, aber einer bestimmten Form gemeinsamer Zugehörigkeit nach.[27] Sie muß zugleich Bedingung der »Nationalen Identität« sein. Wissen wir, angesichts so vieler Untersuchungen über Fortschrittsbegriff und -vorstellungen schon, wie eigenartig die daraus resultierende »Toleranz« ist, die uns und nur uns befähigt hat, die Erfahrung der Geschichte als umfassenden Wandel positiv oder wenigstens einigermaßen gelassen zu nehmen (auch wenn dies Vermögen nicht unbegrenzt ist)? Was ja nicht nur mit einer bestimmten Zeitauffassung, einer eigenartig mit Erwartung aufgeladenen Identität verknüpft ist, sondern offensichtlich auch mit Identifikationen, die dem Einzelnen heute sein »Knirpstum« (Jacob Burckhardt)[28] auf speziell okzidentale Weise zu kompensieren helfen (solange sie dabei nicht resignieren).

Jedenfalls kann ein »Dialog der Eigenarten« nicht fruchtbar sein, wenn wir es nicht vermögen, die eigene deutsche und europäische Eigenart in einer Weise zu präsentieren, daß sie mit andern vergleichbar wird – bei allen Unterschieden.

Es geht nicht an, daß wir alle immer tiefer unsere Löcher graben, so daß wir schon innerhalb unserer Teildisziplinen kaum voneinander wissen. Dadurch wird unsere Arbeit nur unnütz unüberschaubar, unkontrollierbar, übrigens auch unwichtig – und sie vollzieht sich in dicker Luft.

Ich möchte behaupten, daß die umfassende In-Frage-Stellung, die wir an uns selbst erfahren und die irgendwie auch in unsere Forschung hineinwirkt, nicht nur mit dem Wandel innerhalb unserer Gesellschaften, sondern nicht weniger mit dem der Stellung Europas in der Welt zusammenhängt. Denn es ist kaum anzunehmen, daß nicht auch diese Realität sich in uns bemerkbar machte. Es mag sogar ein innerer Angleichungsprozeß zwischen den außereuropäischen Ländern und uns längst im Gange sein. Sonst wäre es doch wohl auch kaum möglich, daß etwa die Grenzen zwischen Ethnologie und Geschichte weithin längst gefallen sind. Nur, soweit ich sehe, bringt die neue Situation bisher in unserer Geschichtswissenschaft eher Unsicherheit mit sich; zum Teil geradezu einen Gesichtsfeldausfall.

Daher scheint es mir so dringend zu sein, daß wir die Probleme, die hier erwachsen, bewußt aufnehmen. Das ist ungemein schwierig. Aber es kann nicht unmöglich sein. Und es bietet jedenfalls großartige neue Erkenntnis-Chancen. Auch für die eigene Welt, wenn wir sie aus dem rechten Abstand betrachten. Der Reiz historischer Forschung wird infolge davon selbst in einem so abgegrasten Gebiet wie der Alten Geschichte außerordentlich gesteigert. Die Frage ist nur, wie wir damit fertig werden. Wie sich die Provinzen (oder Kantone), die wir nach wie vor verwalten (und dabei muß es ja auch bleiben), zur ganzen umfassenden Welt der Geschichte künftig verhalten sollen!

Vielleicht darf ich noch einmal kurz in meinen Bereich ausweichen, indem ich formuliere, welches das falsche Rezept ist: das ist dasjenige des alten Physiklehrers Bömmel aus Spörls Feuerzangenbowle: »Da stelle mer uns janz dumm«. Denn dieses probate pädagogische Rezept funktioniert nur bei großer Überlegenheit dessen, der es anwendet. Sonst ist die Gefahr zu groß, daß man sich nicht stellt – nicht stellt nämlich den ungeheuren Aufgaben, die vor uns liegen.

Aber was sollen wir tun? Ich meine, wir sollten uns zunächst einmal der Verantwortung bewußt sein, die uns als Historikern in unserer heutigen Welt zukommt. Wenn ich recht hatte, sie vor allem darin zu sehen, daß wir dazu beitragen, die Völker und Kulturen in ihrer Eigenart, das heißt zumal von ihrer Geschichte her zu begreifen, so sollten unsere Fragen vielfach so gestellt und unsere Antworten so formuliert werden, daß sie dazu dienen, uns andern vertraut und andere uns vertraut zu machen. Und zwar jeweils in der gegenseitigen Fremdheit. Wir müssen lernen, unsere Gegenstände innerhalb eines weiteren Gesprächs zu behandeln, darzustellen und bekanntzumachen.

Das erübrigt keineswegs die Spezialisierung, sie ist im Gegenteil nach wie vor unbedingt notwendig. Wer nicht in einem Bereich umfassend und gründlich Bescheid weiß, ja »zu Hause« ist, wird im allgemeinen Diskurs wenig bieten können, er wird der Komplexität der Zusammenhänge kaum gewachsen sein, er wird auch seine Fragen an andere nicht gemäß der ganzen Besonderheit der einzelnen Bereiche stellen können. Und nicht zuletzt wird er kaum wissen, was die Arbeit an den Quellen, an den Zusammenhängen im einzelnen bedeutet, wieviele Schwierigkeiten und wieviele Unsicherheiten damit verbunden sind; er kann kaum die Skepsis entwickeln, die allen Generalisierungen gegenüber dringend angebracht ist. Es muß und soll ein Unterschied zwischen den Historikern und den Soziologen bleiben, so sehr wir uns auch gegenseitig brauchen. Unsere Ansätze müssen sich überschneiden. Wir müssen uns auch weiterhin in manche abseitig erscheinende Spezialfragen, die keine von vornherein erkennbare »Relevanz« haben, vertiefen können. Dies alles muß sein, auch wenn gewiß nicht alles sein muß, was wir dann tun. Der Fortschritt der Wissenschaft will es so, auch wenn nicht immer ein Fortschritt dabei herauskommt.

Wichtig erscheint mir aber, daß neben der Spezialisierung eine Generalisierung erfolgt. Wir müssen im Haus der Geschichte alle unsere Räume haben, aber es muß auch eine große, größer werdende Diele geben, auf der wir uns immer wieder treffen, auf die wir streben, weil sie weit und unsere Räume eng sind. Dort muß ausgetauscht, gefragt, geantwortet werden. Wir müssen unsere Spezialdisziplinen im weiteren Horizont der umfassenden Welt der Geschichte, im engen Kontakt mit andern Historikern, den Historikern anderer Geschichten betreiben. Wir müssen den Mut haben, auch Grenzen zu überschreiten, um den Erkenntnisgewinn, den wir uns gegenseitig verschaffen können, zu erzielen. Wir müssen forschen und schreiben, wie wenn die Historiker ganz anderer Weltgegenden uns über die Schulter guckten.

In dieser großen Diele muß aber nicht nur ausgetauscht, gefragt, geantwortet werden, sondern es muß zugleich möglich werden, die methodische Qualität von Vergleichen und auch diejenige genereller Aussagen zu prüfen. Innerhalb der einzelnen Teilfächer sollte nicht nur achselzuckende Ratlosigkeit über Leute herrschen, denen es um etwas mehr geht als den internen, selbstvergessenen Fachbetrieb; man sollte vielmehr fähig sein, zu erkennen, daß deren Tätigkeit wichtig ist, fähig aber auch dazu, es mit ihnen aufzunehmen, wo sie irren.

Eine Disziplin soll nicht wie eine Herde Elefanten ihr jeweils Allerwertestes nach außen kehren, um die auszuschließen und zu bestrafen, die sich um ein allgemeineres Begreifen ihrer Gegenstände, ein Begreifen innerhalb eines allgemeineren wissenschaftlichen Diskurses kümmern. Sondern sie soll gefälligst ihr Gesicht zeigen und jene widerlegen – oder gar nach Möglichkeit über sie hinauszukommen suchen.

Wir müssen insbesondere eine gewisse Toleranz entwickeln, wenn jemand anders sich von außen in unser Fachgebiet wagt. Nicht die Toleranz, Falsches für richtig zu halten, aber die, die ein Gespräch, ein gegenseitiges Lernen ermöglicht. Und dabei sollten wir sogar mehr als tolerant, nämlich zuvorkommend sein; und nicht allzu pingelig.

So müßte eine Methodik der Gewinnung, Begründung und Kritik genereller Aussagen möglich werden; wir sollten auch die Synthese und verschiedene Formen der Generalisierung zum Gegenstand methodischer und theoretischer Überlegung machen, jedenfalls sehr viel weitgehender als bisher. Das mag zu einem Bewußtsein der spezifischen Genauigkeit respektive Ungenauigkeit genereller Aussagen führen, nicht zuletzt aber auch zu einer neuen Begegnung mit den Sozialwissenschaften, insbesondere mit der Soziologie.

Man kann freilich nichts gewinnen, wenn man nicht anderes zurückstellt. Hier wäre die Frage am Platz, ob wirklich alles so notwendig ist, was wir normalerweise tun. Die Frage auch, ob nicht zuviel geforscht, das heißt genaugenommen zuviel Mühe auf Gegenstände gewandt wird, die das nicht unbedingt verdienen.

Jedenfalls sollten Wissenschaften nicht an dem gemessen werden, was seit vielen Jahrzehnten, und das heißt aus Zeitumständen heraus, die völlig anders waren als die unseren, in ihnen herkömmlich ist und wie vollständig und in oft schwer übersehbaren Parallelaktionen sie dies und jenes aufarbeiten; was sie gleichsam anhäufen. Sondern der Maßstab ihrer Beurteilung sollte von den *Aufgaben* her gesetzt sein, die ihnen gestellt sind. Das heißt, es geht um die Frage, wieweit sie in der Lage sind, auf dem Stand der jeweiligen Erkenntnismöglichkeiten über das zu orientieren, wofür sie zuständig sind. Innerhalb des Faches »Geschichte« wird man vernünftigerweise konzedieren, daß die Zuständigkeit der Historiker sich primär im engeren und weiteren Sinn auf die eigene Geschichte erstreckt, aber man wird zugleich fordern müssen, daß dies innerhalb des Rahmens geschieht, in dem diese Geschichte sich abgespielt hat und insbesondere auch: innerhalb dessen sie zu sehen ist. Das ist die Welt der Geschichte, und die umfaßt heute den ganzen Globus.

Wenn wir keine Möglichkeiten finden, ihr auch nur halbwegs angemessen gerecht zu werden, so sollten wir uns mindestens umtaufen, unsere Zuständigkeit also spezifizieren, sie nicht mehr als »Geschichte«, sondern etwa als »antik-abendländische Geschichte« formulieren.

Meine These aber ist, daß wir versuchen sollten, es mit den Herausforderungen unserer Zeit aufzunehmen. Da damit die Quantität des Wißbaren und zu Wissenden aber noch wesentlich größer wird, als sie ohnehin schon ist, müssen wir die Qualität unserer Arbeit ändern. Ob man in diesem Fall, wie es seit den sechziger Jahren so gerne geschieht, von einem »Paradigmenwechsel« sprechen soll, möchte ich offenlassen. Doch ein Perspektivenwechsel wird es sein und eine Umorientierung ebenfalls, insofern ein neues Verhältnis zwischen dem Besonderen und dem Allgemeinen innerhalb unserer Arbeit herzustellen ist, zwischen unsern engeren Spezialgebieten und all dem, was wir brauchen, wenn wir nicht »die Fähigkeit der allgemeinen Übersicht, ja die Würdigung derselben einbüßen« wollen.

Der Strickstrumpf darf nicht immer länger werden, wir müssen vielmehr den Bogen kriegen, damit es wirklich ein Strumpf und nicht ein endloser Schlauch wird! Nicht immer mehr, sondern eine den Notwendigkeiten angemessene Erkenntnis muß unser Ziel sein.

Wir müssen unsere Wissenschaft so betreiben, daß wir nicht die Teile für das Ganze halten, sondern daß wir sie als Teile einer Wissenschaft vom Menschen unter historischem Aspekt betrachten.

Dazu gehören einige konkrete Veränderungen. Der Bamberger Historikertag und die ihm vorausgehende Konferenz mit Ethnologen, Sinologen, Indologen, Islamwissenschaftlern und Assyriologen[29] hat gelehrt, daß in Deutschland die verschiedenen Geschichten der wichtigen außereuropäischen Völker und Kulturen bei weitem nicht angemessen behandelt werden. Es sind vielmehr auf lange Sicht großzügig Stellen dafür zu schaffen. Was nicht nur Frankreich, England und die USA, sondern selbst das kleine Holland dafür aufwendet, ist ein Vielfaches dessen, was in der Bundesrepublik geschieht. Hier sind wir in Deutschland wirklich provinziell. Ein Entwicklungsland! Wobei es offenbleiben mag, wieweit es unsere und wieweit es die Schuld der zuständigen Ministerien ist. Wir waren zu Anfang des Jahrhunderts sehr viel weiter. Es ist ein Unding, daß sich mehr als 150 Japaner speziell mit deutscher Geschichte befassen, während die Deutschen, die sich mit japanischer Geschichte beschäftigen, an den Fingern einer Hand aufzuzählen sind.[30]

Anderes aber wird die Sache der Zukunft, doch auch die der Erwartungen sein, die aus dem weiteren Kreis der Disziplinen sowie aus der Öffentlichkeit an sie gerichtet werden. Wir sollten ihnen nicht zu viel Anlaß geben, an uns zu resignieren. Innerhalb der Geschichte und im weiteren Kreis der Disziplinen, denen sie zugehört, muß ein viel lebhafterer Diskurs entstehen. Die Öffentlichkeit soll in die Lage kommen, die Forderungen, die sie an uns zu richten hat, besser zu artikulieren. Es muß dazu kommen, daß diejenigen, die sich an dem herzustellenden Diskurs im Rahmen der heutigen Welt der Geschichte nicht zu beteiligen vermögen, ein möglichst schlechtes Gewissen haben und daß sie wenigstens nicht eigens dafür prämiert werden.

Im Zweiten Weltkrieg erzählte man sich von dem Mann, der in ein Papiergeschäft ging und einen Globus verlangte. Als er ihn lange hilflos herumdrehte, fragte der Verkäufer, was er denn suche. »Deutschland!« war die Antwort. Und als er den blauen Fleck in der Mitte Europas gezeigt bekam, bekundete er zunächst seine Verwunderung, daß er so klein sei, um dann zu fragen, ob der Führer das denn wisse. Lassen wir es nicht dazu kommen, daß andere jetzt schon – und die Nachfolgenden dann unter Umständen sehr bald – die Frage stellen, ob wir Historiker denn wissen, wie klein die Bundesrepublik ist. Es könnte sich dann freilich zugleich die andere Frage stellen, ob wir nämlich wissen, wie wichtig sie ist: durch ihre Industrie, ihren Handel, ihren politischen Einfluß, ihre grundsätzlich vorhandene wissenschaftliche Potenz. Denn eben das fordert doch auch in der Geschichtswissenschaft seine Konsequenzen.

Der scheidende Vorsitzende des Verbands der Historiker Deutschlands kann – um auf die erste Frage zurückzukommen – nicht behaupten, daß unsere Historie provinziell sei.[29] Aber daß wir es werden könnten, wenn wir nicht aufpassen, daß wir unsererseits in eine evolutionäre Sackgasse geraten könnten, das muß man wohl feststellen. Wir müssen alles tun, damit es nicht geschieht.

1 E. Jäckel in: *Historikerstreit.* Die Dokumentation der Kontroverse um die Einzigartigkeit der nationalsozialistischen Judenvernichtung, München/Zürich 1987, S. 115.

2 R. Koselleck, *Vergangene Zukunft,* Frankfurt 1979, S. 50 ff., S. 62, u. ö. Zur Universalgeschichte vgl. die Sammlung unter diesem Titel von E. Schulin, Köln 1974.

3 H. K. Erben, *Die Entwicklung der Lebewesen.* Spielregeln der Evolution, München/Zürich 1975.

4 Hierzu und zum Folgenden Ch. Meier, *Die Entstehung des Politischen bei den Griechen,* Frankfurt 1980, S. 326 ff., S. 360 ff.

5 Dazu etwa S. N. Eisenstadt, Soziologische Betrachtungen zum historischen Prozeß, in: K.-G. Faber/Ch. Meier, *Historische Prozesse,* München 1978, S. 446 ff.; H.-U. Wehler, *Modernisierungstheorie und Geschichte,* Göttingen 1975.

6 Vgl. u., Anm. 10 zu Teil 2.

7 Otto Vossler erzählte mir, daß bei Wilhelm II. in Doorn, während die männlichen Besucher sich ans Holz machten, die weiblichen an Strickstrümpfen, vermutlich zugunsten irgendwelcher mildtätiger Organisationen, weiter zu arbeiten hatten, die dann länger und immer länger wurden...

8 1895: *Reden und Aufsätze,* Berlin 1912, S. 154. 1887, S. 197 f.

9 Vgl. dazu Ch. Meier, »Die Wissenschaft des Historikers und die Verantwortung des Zeitgenossen« (1966, in *Entstehung des Begriffs ›Demokratie‹,* Frankfurt 1970 sowie in anderer Form 1984 unter dem gleichen Titel in *Verantwortung und Ethik in der Wissenschaft.* Symposium der Max-Planck-Gesellschaft 1984).

10 Vorwort zum Zweiten Stück der Unzeitgemäßen Betrachtungen: Vom Nutzen und Nachteil der Historie für das Leben a. E.

11 *Verantwortung.* Gedanken zur Jüdischen Frage, München, 3. Aufl. 1954, S. 40.

12 Vgl. Ch. Meier, »Notizen zum Verhältnis von Makro- und Mikrogeschichte«, in: K. Acham/W. Schulze, *Teil und Ganzes,* München 1989.

13 Vgl. etwa B. Tibi, »Der politische Islam als Reaktion auf den rapiden sozialen Wandel – Islam und die moderne Welt«, in *Asien und wir: Gegenwart und Tradition.* Vorträge im Studium Generale der Universität Heidelberg 1983/84, S. 27.

14 M. Weber, *Gesammelte Aufsätze zur Religionssoziologie* 1 (Tübingen 1920), S. 15 und 81.

15 A. T. Embree/F. Wilhelm, *Indien.* Geschichte des Subkontinents von der Induskultur bis zum Beginn der englischen Herrschaft, 1967, S. 31 f. Th. Jacob-

sen, »Early Political Development in Mesopotamia«, in *Zeitschrift für Assyriologie*. Neue Folge 18, 1957, S. 91 ff. Vgl. zu den Azteken F. Matz, in *Ethnographisch-archäologische Forschungen* 3, Teil 2, Berlin-O. 1956, S. 117, S. 153.

16 Vgl. etwa I. Weiler, *Der Sport bei den Völkern der alten Welt*, Darmstadt 1981, S. 14 ff. und S. 53 ff.

17 Dazu etwa Ch. Meier, *Entstehung des Politischen*. S. 360 ff.

18 Vgl. u. S. 64 ff.

19 Dazu Ch. Meier, *Die politische Kunst der griechischen Tragödie*, München 1988.

20 Vgl. W. Haug/R. Warning, *Das Fest*. Poetik und Hermeneutik XIV, München 1989.

21 Vgl. u. S. 53 ff.

22 Vgl. Ch. Meier, »Arbeit, Politik, Identität. Neue Fragen im alten Athen?« In: V. Schubert, *Der Mensch und seine Arbeit*, St. Ottilien 1986, S. 47 ff.

23 Dazu etwa Ch. Meier, »Was ist nationale Identität?« In: Th. M. Gauly, *Die Last der Geschichte*. Köln 1988, S. 55 ff.

24 Vgl. J. Bleicken, *Der Preis des Aelius Aristides auf das römische Weltreich*. Nachrichten der Akademie in Göttingen 1966, S. 225 ff., bes. S. 258 f.

25 T. Grimm, »Idee und Wirklichkeit in der chinesischen Geschichte«, in *Saeculum* 10, 1959, S. 186 ff.

26 Ch. Meier, *Res Publica Amissa*. Einführung zur Neuausgabe (Frankfurt) 1980, S. XXXII ff.

27 Dazu etwa Eisenstadt (wie o. Anm. 5), S. 453 ff.

28 *Über das Studium der Geschichte*. Hrsg. von P. Ganz. München 1982, S. 377.

29 Dazu siehe das gerade erscheinende Heft der Zeitschrift *Saeculum*.

30 Werner Conze hat immer wieder darauf hingewiesen und darauf gedrungen, daß hier etwas geändert werde. In der FAZ vom 31. 12. 1988 wird die Aussage eines deutschen Wirtschaftsführers zitiert, es müßten endlich ebenso viele Deutsche sich genauso selbstverständlich in Japan bewegen können wie es Japaner schon seit langem hierzulande vermögen.

31 Hier folgte im mündlichen Vortrag eine kurze Bemerkung, die auf eine unmittelbar zuvor in der Frankfurter Allgemeinen erschienene Glosse Bezug nahm: »Und wenn eine Zeitung, die die Vermutung, hinter ihr stecke immer ein kluger Kopf, so ernst doch wohl selbst nicht nimmt, diesem Historikertag, bevor er überhaupt begann, Provinzialität attestiert hat, so möchte ich fragen, ob man im Frankfurter Redaktionsgebäude denn gar keine Spiegel an der Wand hat«. – Übrigens hat schon Arnold Toynbee die herkömmliche europäische Geschichtsauffassung »vorsintflutlich« genannt. Wir stünden auf der »provinziellen« Stufe der Zeit vor Vasco da Gamas Umrundung Südafrikas (Civilization on Trial, New York 1948, S. 63, 83 und 89).

Die Griechen und die Andern

»Drei Dinge muß der Philologe ... verstehen,
das Altertum, die Gegenwart, sich selbst:
Seine Schuld liegt darin, daß er entweder
das Altertum nicht oder die Gegenwart nicht
oder sich selbst nicht versteht.«
Nietzsche, *Wir Philologen*

Im Titel »Die Griechen und die Andern« scheint, wer die Griechen waren, klar zu sein; wer die Andern sind, wird man sich fragen. In Wirklichkeit ist es umgekehrt: Gerade wer die Griechen waren, ist hier das Problem. Die Andern aber sollen einfach alle andern sein, mit denen wir sie vergleichen, ja genauer noch: an denen wir vielleicht etwas studieren können, was wir brauchen, wenn wir von den Griechen das wissen wollen, worum es hier geht, nämlich eben: wer sie waren. Womit ich nicht sagen will, daß ich über die Andern mehr wüßte als über die Griechen. Das Gegenteil ist der Fall.

Damit ist schon deutlich, daß es hier sehr viel mehr um Fragen als um Antworten geht – um den Aufweis einer Problematik nämlich, die eigentlich die wichtigste, zentrale Problematik der Altertumswissenschaften sein sollte, obzwar sie sie nicht beschäftigt. Was so natürlich wie bedauerlich ist.

Naturgemäß gilt auch für Wissenschaften das Parkinsonsche Gesetz, wonach im Vorstand großer Firmen über die Frage, ob in der Frühstückspause Bohnenkaffee gereicht werden soll, viele Stunden, über diejenige, ob der Fahrradständer ein Dach bekommen soll, wenige Stunden diskutiert wird, hingegen nur minutenlang über diejenige, ob man für viele Millionen eine Investition vornehmen solle. Denn mit der Wichtigkeit der Gegenstände nimmt die Zahl derer, die mitreden können, hier wie dort ab. Man kann noch etwas anderes hinzufügen: Daß nämlich Wissenschaften seit einiger Zeit die Tendenz haben, geschlossene Gesellschaften zu bilden. In ihrem Kreis gelten nicht nur bestimmte convenus, sondern es ist ihren Vertretern naturgemäß auch eine spezifische Nähe zu ihrem Stoff, ein Vertrautsein mit ihm und mit bestimmten Weisen, sich ihm zu nähern, gemein. Wissenschaften sind auch Familien, auch sie wissen zumeist gar nicht, wie merkwürdig sie und das, womit sie sich beschäftigen, sind. »Bitte nicht stören« könnte etwa auch an ihren Türen stehen; wenn man es nicht ohnehin wüßte.

Andererseits gibt es natürlich doch ein Bedürfnis, die Dinge auch von außen zu sehen und nach außen darzustellen. Konkret und auf das hier zu behandelnde Thema hin gesagt: ein Bedürfnis nach Auskunft darüber, wer die Griechen waren. Nicht nur also, was sie in bestimmten Situationen taten und litten, was sie dachten, welche Institutionen sie hatten, wie sie es mit den Frauen hielten und natürlich auch mit der Religion, den Opfern, den Festen, mit wem dieser oder jener sich bekriegte oder verbündete, und was der Fragen mehr sind, über die pro Jahr eine mindestens dreistellige Zahl von Aufsätzen erscheint, die Bücher nicht gerechnet: Arbeiten insgesamt, die sich speziell an althistorische Verbraucher richten. Wer aber die Griechen waren und darunter auch, was an ihrem Verhältnis zu den Frauen, zur Religion, an ihren Opfern und Festen besonders war, kann sich nur aus Vergleichen ergeben. Und daß die nicht oder jedenfalls bei weitem nicht genügend unternommen werden, ist eben, meine ich, auch bedauerlich.

Selbstverständlich tun sich hier große Schwierigkeiten auf. Von der Sache und auch von der Quellenlage sowie von der augenblicklichen Organisation der Wissenschaften her. An all dem läßt sich so leicht nichts ändern. Da es aber absolut unabänderlich hinwiederum auch nicht sein kann, mag es einen Sinn haben, wenigstens einmal eine Reihe von Fragen zu formulieren und zugleich die Richtungen zu markieren, in denen eine Antwort gesucht werden könnte.

Die folgenden Betrachtungen gehen von der Voraussetzung aus, daß Wissenschaften einen Sinn haben, der über ihre eigene Selbstgenügsamkeit hinausreicht. Daß es ihnen nicht schaden, sondern nur nützen kann, wenn sie Probleme und Bedürfnisse ihrer Zeit bewußt (wenn auch kritisch) aufnehmen. Und speziell, daß heute ein starkes Interesse daran besteht, daß die Völker auf dem klein gewordenen Globus sich besser in ihrer Eigenart verstehen lernen.

Das macht auch die Griechen der klassischen Antike auf neue Weise interessant. Mindestens weil sie die »politische Revolution« der Weltgeschichte[1] gemacht haben, die – nach der neolithischen[2] und derjenigen der Gründung früher Hochkulturen – eine entscheidende Voraussetzung für die heutige Welt geschaffen hat, aber auch (was nur die andere Seite derselben Sache ist) weil das moderne Europa – dank vielfältigster Nachwirkung wie aufgrund teils verstehender, teils mißverstehender Neubegegnung und Aneignung – so vieles von ihnen übernommen hat. Aber es mag auch sein, daß sich im Studium der Griechen einige Kategorien zur Bestimmung der Eigenart von Völkern gewinnen lassen, die auch anderswo gebraucht werden.

Von vornherein ist klar, daß die Griechen in gewisser Hinsicht anders als alle andern waren. Denn schon auf den ersten Blick läßt sich feststellen, daß sie die einzigen waren, die eine Kultur aus der Mitte der Gesellschaft heraus zu bilden vermochten, genau gesagt: ohne daß Monarchen einen irgend maßgebenden, prägenden Anteil daran gehabt hätten. Dadurch unterscheidet sich die griechische Kulturbildung grundlegend von allen andern. Wenn es in der Neuzeit zum einzigen Mal in der Weltgeschichte möglich war, daß kräftige Monarchen Staaten bildeten, die auch in anderer Form, als Republiken, ja als Demokratien fortzuexistieren vermochten, dann ist das mit aller Wahrscheinlichkeit auf vielfältig vermittelte Nachwirkung der Griechen zurückzuführen.[3]

Allein mit dieser *einen* offensichtlichen Besonderheit der Griechen sind, so wesentlich sie ist, viele andere noch keineswegs gesichert. Weder am Anfang, bevor der Kulturbildungsprozeß begann, noch im weiteren Verlauf. Und selbst wenn man annimmt, daß ein so zentrales Faktum wie die politische Ordnung auf den verschiedensten Gebieten der Kultur prägend wirken mußte, bleibt die Aufgabe, dies näher zu bestimmen.

Offensichtlich ist zwar, daß sich den Griechen im Politischen außerordentlich große, neue Spielräume erschlossen: zum ersten Mal nicht nur die Wahl zwischen verschiedenen Herrschern oder vielleicht (wie etwa bei den Phöniziern) zwischen einem Tyrannen und einer Oligarchie – sondern die Möglichkeit, auch von den Regierten aus die politische Ordnung zu bestimmen, und zwar in ungeheuer weitgehendem Ausmaß im Sinne einer starken, regelmäßigen Mitsprache breiter Schichten. Diese Spielräume samt den Fragen, Unsicherheiten, Möglichkeiten sowie den Balancierungsproblemen, die sich daraus ergaben, haben die griechische Philosophie, Kunst, Auffassung von Welt, das Erleben von Zeit und vieles andere fraglos entscheidend bestimmt. Die Annahme einer Gesetzmäßigkeit politischer Prozesse und einer rechten, gesetzmäßigen Ordnung, die in der Polis zu erreichen sei, spielte etwa in der Vorgeschichte der Demokratie eine wesentliche Rolle. Sie war offensichtlich eng verknüpft mit der philosophischen Deutung des Kosmos, ja vermutlich mit der Weise, in der sich die griechische Philosophie überhaupt ausbildete.[4] Die griechische Tragödie war aufs stärkste auf Politik bezogen.[5] Aber auch das Menschenbild der griechischen Plastik ist, mindestens in der klassischen Zeit, ohne das griechische Gleichheitsideal und das heißt: ohne das Mannes-Ideal des demokratischen Zeitalters nicht zu denken.[6]

Allein, es ist schwierig, die Besonderheiten, die sich damit ergeben, genauer zu fassen. Es ist ja nicht schon damit getan, daß man hier einfach Auswirkungen des Politischen auf andern Gebieten feststellt. Und sie gingen nicht so weit, daß etwa nur die Griechen eine Philosophie entwickelt hätten. Vielmehr haben das auch die Chinesen und Inder getan. Will man die Besonderheit der Griechen in diesem, zweifellos zentralen Punkt erfassen, so wird man also einige Vergleiche anzustellen haben. Vielleicht wird sich daraus dann auch ergeben, was es allgemein mit dem Bezug einer entstehenden Philosophie auf die politischen – und vielleicht auch auf andere – Probleme einer Gesellschaft auf sich hat. Sie könnten jedenfalls die Bedingungen ihrer Entstehung stark beeinflußt haben.

Ähnliches gilt von der Geschichtsschreibung, in der sich die Besonderheit des griechischen Ansatzes erst in expliziter Absetzung gegen Israel und vielleicht auch gegen China bestimmen läßt.[7] Aber man muß ihn zugleich deutlich von den modernen Auffassungen von Geschichte, ja schon von den Assoziationen, die mit dem Begriff »Geschichte« sich einstellen, freihalten, sonst kann man ihn nicht genauer fassen. Vieles, was heute im Begriff Geschichte zusammengedacht wird, gehörte damals noch nicht unter diese Rubrik.[8] Uns ist es zum Beispiel selbstverständlich, daß Geschichte ein Prozeß ist; aber die Schwelle zu einer prozessualen Auffassung von Geschichte war damals offensichtlich noch zu hoch – und die Prozeßwahrnehmung zu gering –, als daß sie hätte überwunden werden können. Wir vermögen die politischen mit den wirtschaftlichen, kulturellen und andern Veränderungen einer Zeit zu synchronisieren. Für die Griechen dagegen standen die einen fast unvermittelt neben den andern. Da sie Geschichte nicht als Prozeß denken konnten, kannten sie zwar die Abfolge politisch-militärischer Ereignisse, auch die von Erfindungen auf diesem oder jenem Gebiet, sie konnten die allmähliche Herausbildung einer Verfassung aus frühen Anfängen rekonstruieren – aber als Geschichte oder als Teile von Geschichte konnten sie das alles nicht auffassen, weil sie einen Geschichtsbegriff nicht hatten und weil die verschiedenen »historischen« Betrachtungen bei ihnen eher nebeneinander standen, als daß sie ineinander gegriffen hätten. Dies aber wird erst deutlich, wenn man das Griechische mit dem Modernen vergleicht; und hier ist noch vieles offen, von dem wir bisher gar nichts wissen.

Und wenn man festzustellen glaubt, daß Anmut bei den Griechen auch in politicis eine besondere Rolle gespielt hat[9], daß überhaupt Kunst (und eine bestimmte Kunst) dies tat, so sollte man sich bei andern Kulturen umsehen, um nicht das Risiko zu laufen, daß man den Griechen etwas als Besonderheit attestiert, was andern (oder mindestens einigen andern Kulturen) kaum weniger eigentümlich ist. Müßiggang der oberen Schichten, Geringschätzung manueller Arbeit, mindestens der Handwerksarbeit, die Rolle der Feste, die Auffassung des Todes – all dies und vieles andere mag sehr wohl bei den Griechen vom politischen Zentrum ihrer Kultur bestimmt gewesen sein – und doch war es den entsprechenden Erscheinungen in andern Kulturen deswegen noch nicht unbedingt fern.

Wenn man in verschiedenen Einzelheiten, aber auch wenn man im ganzen Aussagen über die Eigenart der Griechen machen will, so gelangt man also ziemlich rasch an Punkte, wo nur die vergleichende Heranziehung anderer Völker und Kulturen weiterhilft.

Die isolierende Betrachtung der klassischen Antike war ohnehin (so sehr sie die Gründlichkeit der Erforschung vieler Erscheinungen förderte) nachteilhaft. Sie stellt objektiv gesehen wohl geradezu ein Stück abendländischen Hochmuts dar und scheint, insofern sie die Einflüsse des Orients auf die Antike weitgehend leugnete oder vernachlässigte, nicht frei von rassischen Vorurteilen gewesen zu sein.[10] Die Anerkennung der welthistorischen Sonderrolle der Griechen sollte nicht daran hindern, diese zugleich als ein Volk unter andern zu sehen. Sie sollte nicht zu ihrer Überschätzung führen.

»Wer eine kennt, kennt keine.« Diesen paradoxen Spruch Goethes hat Max Müller auf Sprache und Religion angewandt.[11] Man mag sprechen können und glauben, aber man weiß deswegen noch lange nicht, was Sprache und was Religion ist. »Wer fremde Sprachen nicht kennt, weiß nichts von seiner eigenen.« Und so ist es auch mit andern Elementen der Struktur von Völkern.

Wie will man über irgendeine Eigenart eines Volkes etwas sagen, wenn man sonst keines kennt? Daß Althistoriker neben den Griechen die Römer zum Thema haben, ja daß sie es zwischen Milet, Sparta, Athen und Syrakus mit sehr verschiedenen Ausprägungen des Griechischen zu tun haben, ist – ganz abgesehen davon, daß sie von dieser Chance wenig Gebrauch machen – kein hinlänglicher Ersatz.[12]

Schon dort, wo die griechische Eigenart auf den ersten Blick erwiesen ist, etwa bei ihrer Demokratie, ist der Vergleich unentbehrlich. Denn nur wenn man diese geradezu und in guter Kenntnis mit der modernen Demokratie vergleicht, kann man verschiedene ihrer Eigentümlichkeiten erkennen und so deutlich markieren, daß die Besonderheit der griechischen – und umgekehrt auch die der modernen – Demokratie herauskommt. Man stößt dabei auf ganz überraschende Ergebnisse, so daß Paul Veyne geradezu fragen konnte, ob die Griechen die Demokratie überhaupt kannten.[13]

Um wieviel mehr aber ist es notwendig, die Griechen in andern Hinsichten mit frühen Hochkulturen oder auch mit »anfänglichen Völkern« zu vergleichen. Darin liegt ja gerade eine der wichtigsten Funktionen der Alten Geschichte, daß sie gleichsam in der Mitte zwischen Hochkulturen und Abendland steht. Daß sie innerhalb der Reste des geschichtlichen Kanons diejenige Stelle einnimmt, an der vieles »Urtümliche« noch vorhanden ist.

Die Frage, wer die Griechen waren, zielt in den Zusammenhang historischer Anthropologie.[14] Dazu scheinen einige Bemerkungen am Platz zu sein. Man weiß, daß die Menschen sowohl gleich wie außerordentlich verschieden sind. Das steht schon bei Thukydides, nach dessen Auffassung die Natur der Menschen immer gleich ist, der dann aber doch große Unterschiede findet zwischen der Frühzeit und seiner Gegenwart, zwischen Athen und Sparta und zwischen Friedenszuständen und mindestens solchen Kriegen, die so groß und heftig sind wie der Peloponnesische.[15]

Die Gleichheit der Grundausstattung des Menschen könnte man als Gegenstand einer Anthropologie im engeren Sinne ansehen, aber zu ihr gehört ja, daß sie jeweils der Aktualisierung bedarf und daß diese aufs verschiedenste ausfallen kann. Anthropologische Betrachtung muß also rasch dazu kommen, daß eines der hervorstechendsten Merkmale, wenn nicht das hervorstechendste des Menschen seine Bildsamkeit ist. »Der Mensch ist«, wie Arnold Gehlen sagte, »von Natur ein Kulturwesen«.[16] Er ist für sein Überleben wesentlich auf Gesellschaft, auf Institutionen angewiesen, und darin formt er sich höchst unterschiedlich. Gleichheit der menschlichen Natur und Verschiedenheit ihrer jeweiligen Ausprägung sind nur zwei Seiten einer und derselben Aussage.

Robert Musil[17] hat den Befund, mit dem wir es hier zu tun haben, besonders eindrucksvoll formuliert. »Dieses Wesen ist ebenso leicht fähig der Menschenfresserei wie der Kritik der reinen Vernunft.« Und: »Ich will behaupten, daß ein Menschenfresser, als Säugling in europäische Umgebung eingepflanzt, wahrscheinlich ein guter Europäer würde, und der zarte Rainer Maria Rilke ein guter Menschenfresser geworden wäre, wenn ihn ein uns ungünstiges Geschick als kleines Kind unter Südseeleute geworfen hätte.« Musil wandte sich gegen die damals verbreitete Annahme, bestimmte Rassen oder Völker – etwa »der ägyptische«, »der griechische« oder »der gotische Mensch« – hätten aus ihrem je verschiedenen Wesen heraus ihre Kultur geschaffen. Danach wären die Griechen gleichsam vor ihrer Kultur dagewesen mit eben den Eigenschaften, die wir dann später, »entwickelt«, bei ihnen finden. In Wirklichkeit aber machen nach Musil Kleider Leute, und solche Leute machen dann wieder solche Kleider. Was die Besonderheit der Menschen einer Epoche bestimmt, ist »die Gesamtheit der Rückwirkungen ..., welche der Mensch von dem erfährt, was er geschaffen hat.« Er »existiert nur in Formen, die ihm von außen geliefert werden. ›Er schleift sich an der Welt ab‹, ist ein viel zu mildes Bild; er preßt sich in ihre Hohlform, müßte es heißen.« »Selbst unsere Gefühle formen sich wie Flüssiges in Gefäßen, welche Generationen gebildet haben und unsere Ungestalt wird von ihnen aufgefangen.« Musil erklärt, »bloß das Ergreifen des Weibchens« sei universell, aber »die ganze Komplikation, die wir Liebe nennen« ist vom »sozialen Convenu bestimmt«. Hier läge das eigentliche Interesse einer *historischen* Anthropologie, welche die verschiedenen Ausprägungen menschlicher Art in den verschiedenen Kulturen untersucht.

Sind aber die *Einzelnen* nicht zu verschieden, als daß es etwas erbrächte, nun nach Eigenarten eines Volkes zu forschen? Führt das nicht nur zu Schablonen, denen keine Wirklichkeit entspricht? Ich möchte das bis zum Beweis des Gegenteils bestreiten. Selbst das Ausmaß, in dem sich Individualität bilden kann, ist doch – aufs Ganze gesehen – nach Gesellschaften und Epochen sehr verschieden. Auch über die Möglichkeit weitgetriebener Individualisierung lassen sich also allgemeine Aussagen machen. Und ebenso ist die Weise, in der eine Eigenart etwa nach Stand, Schicht oder Geschlecht mehr oder weniger verschieden ist, eine Funktion der jeweiligen gesellschaftlichen Struktur. Insofern kann man nicht nur über bestimmte Mentalitäten, Auffassungen, Wertschätzungen allgemeine Aussagen für bestimmte Gesellschaften und Epochen machen, sondern auch darüber, wie eine Gesellschaft – überhaupt oder in bestimmten Epochen – Gefühle wie Angst, Liebe oder was immer es sei, reguliert; zurückdämmt, freisetzt, eventuell gar in einer ganzen Gefühlskultur blühen läßt. Nicht unbedingt für jeden Einzelfall, aber sehr wohl für das Vorherrschende, Sich-Nahelegende, Typische.

Dabei sollte man, so wäre jedenfalls meine Arbeitshypothese, nicht annehmen, daß Menschen anderer Völker und Kulturen »im Grunde« genau so sind und denken wie wir, nur eben diese oder jene besonderen Anschauungen, Sitten, Wertschätzungen hätten – wie wenn es sich dabei nur um Einzelheiten handelte, die an bestimmter Stelle als deren Eigenart einzutragen wären. Man sollte auch nicht einfach von dieser oder jener ihrer erkennbaren Eigenarten nur etwas in Richtung auf unsere vermeintliche Normalität abziehen, um sie uns irgendwie plausibel zu machen. Nein, man soll schon damit rechnen, daß die Eigenarten je umfassend besonders sind.

Sonst käme man nur zu einer »voreiligen Empathie« (Lucien Lévy-Bruhl), zu jener Art von Verstehen, die man in der englischen Sozialanthropologie als »Wenn ich ein Pferd wäre...«-Verfahren charakterisiert: man versetzt sich ohne viele Umstände in einen andern, Pferd oder Mensch und meint, dessen Handeln, Denken oder Unterlassen entschlüsseln zu können.[18] Dieses Verfahren liegt Altertumswissenschaftlern natürlich besonders nahe, da sie ja die Griechen (wie die Römer) als uns besonders verwandt zu betrachten neigen. Hier muß man entschieden Einspruch erheben.

Gewiß, wir »verstehen« sehr vieles, was uns von den Griechen überliefert ist. Es scheint dort ein Ausmaß an Rationalität zu walten, das uns vertraut anmutet. Doch ob wir die einzelnen Aussagen und Denkmäler wirklich richtig verstehen, ist damit noch keineswegs gesagt. Und selbst wenn man es einmal annehmen wollte, so gilt doch von den Situationen, von der ganzen Ambiance, in die sie gehören, keineswegs das gleiche.

Gerade ein so außerordentlich gut durchdachter, »rationaler« Plan wie der des Themistokles vor der Schlacht bei Salamis bietet dem Verständnis größte Schwierigkeiten: Je mehr er in sich nachvollziehbar ist, um so drängender stellt sich die Frage, wie es zu diesem Ausmaß kühner Rationalität kam und was es bedeutete. Entsprechendes gilt von der Betrachtung politischer Abläufe bei Thukydides, deren Problematik ja nicht nur darin besteht, einzelne Aussagen zu verstehen. Vielmehr geht es gerade auch darum, etwa die höchst eigenartige, in Rom oder England geradezu unvorstellbare Auffassung von Macht und Herrschaft, die sich dort äußert[19], in ihrer Besonderheit zu erklären, ihr Verhältnis zum Horizont der damals anzunehmenden Rezipienten zu rekonstruieren; sonst kann es kaum gelingen, Thukydides zu »verstehen« und einzuordnen.

Und was alles an Verfremdung ist notwendig, wenn wir die »Aussage« jener griechischen Plastiken begreifen wollen, die uns aus vielen Gipssammlungen, Museen und Schulbüchern so vertraut zu sein scheinen, daß wir Schwierigkeiten damit haben, sie überhaupt als problematisch zu erkennen. Vielleicht bieten sie unserm Verständnis gar größere Schwierigkeiten als die uns von vornherein so fremden Züge der Griechen, die sich etwa in ihrer Kriegführung oder noch mehr in ihrer Religion äußern?

Gerade angesichts der Fallstricke eines scheinbar möglichen umstandslosen Verstehens hat historische Anthropologie ihre besonderen Aufgaben. Sie muß umfassend und in theoretischem Rahmen die Fülle der Möglichkeiten menschlicher Ausprägung so erarbeiten, daß jene Versuche unmittelbarer In-Eins-Setzungen mit andern, die wir so gern praktizieren, unmöglich werden. Daß uns auch das Ganz-Andere, Fremde als solches bewußt und – wissenschaftlich vermittelt – zugänglich wird. Darüber hinaus tut sich hier, wie sich in vielfachen Forschungen zumal zu Mittelalter und früher Neuzeit zeigt, eine ganz wesentliche, eben die anthropologische Dimension der Geschichte auf. Sie steht in engster Beziehung zu Institutionen, zur gesellschaftlichen Struktur überhaupt, bildet aber ein Thema eigener Art.

Sie ist der Teil unserer Wissenschaft, in dem das, was man früher gern pauschal und in höchst fragwürdiger, ja gefährlicher Mystifikation eines Volks- oder Rassebegriffs als vorgegebene Eigenschaft verstand, zum Thema genauerer Forschung wird. In ihr wird es möglich, die Griechen zunächst einmal als ein Volk unter andern zu sehen – und zu erkennen, daß, wenn sie so ganz anders wurden als andere, dies nicht einfach ihrer Begabung entsprang, ihnen nicht einfach in die Wiege gelegt, sondern Produkt einer Geschichte war, die es ihnen auf höchst eigene Weise erlaubte, Kräfte, welche an sich alle haben, zusammenzufassen und immer höher zu treiben auf Kosten anderer und damit etwas, was vermutlich gar nicht griechische, sondern allgemein menschliche Begabung ist, in höchst besonderer, fruchtbarer, folgenreicher Weise sich ausbilden zu lassen.

Wenn Einzelne mit ihrer Grundausstattung ebenso gut Menschenfresser wie Lyriker werden können, so sind bei Gesellschaften die Wandlungsmöglichkeiten sehr viel geringer, weil dort die Bedingungen der Eigenart stärker verschränkt sind. Auch die Identität, die sie ausbilden, der Wille, sich in irgendeiner Hinsicht treu zu bleiben, wirkt darauf hin. Insofern sind es strukturelle Momente, die etwa bestimmte Motive wichtig machen, so daß sie sich einschleifen, die überhaupt jene Eigenart bedingen. Darum geht es.

Indem man sich der Anthropologie der Griechen widmet, muß man sich zwar offenhalten für deren umfassende Besonderheit, aber das bedeutet nicht, daß wir nicht versuchen müßten, zugleich viele Einzelzüge, die sie mit andern gemein haben oder in denen sie mit andern vergleichbar sind, auch für sich zu untersuchen; in vergleichender Betrachtung.

Max Weber hat die Berufung auf Volkscharaktere einmal »das Bekenntnis des *Nicht*-Wissens« genannt.[20] Er neigte persönlich dazu, »die Bedeutung des biologischen Erbgutes« von Völkern hoch zu veranschlagen, nur sah er keinen Weg, wissenschaftlich darüber Klarheit zu gewinnen. Daher seien »zunächst möglichst alle jene Einflüsse und Kausalketten aufzudecken«, die als »Reaktionen auf Schicksale und Umwelt befriedigend erklärbar sind«.

Hält man sich an dieses Rezept, so lassen sich immerhin einige der Umstände namhaft machen, unter denen »die erste große Bewegung der sozialen Verhältnisse in Hellas« entstand. Man lebte in vielen kleinen selbständigen Gemeinwesen. Die Monarchien waren schwach. Weithin waren es zahlreiche Adlige, die zunehmend eine Aktivität über See entfalteten. Nach Osten wie nach Westen. Sie kamen so in enge Berührung mit der orientalischen Kultur, ohne jedoch politisch in deren Einflußbereich zu geraten (was doch wohl dazu geführt hätte, daß auch bei ihnen die Monarchien gestärkt und die Gesellschaften insgesamt nach deren Vorbild geformt worden wären). Vielmehr stellte die Ägäis ein weltpolitisches Vakuum dar. Zu jener Aktivität gehörten Handel und Seeraub. Die Griechen machten den Phöniziern, die bis dahin den Handel wohl ausschließlich in der Hand gehabt hatten, Konkurrenz. Als das

Bevölkerungswachstum durch Binnenkolonisation nicht mehr aufzufangen war[21], gründeten sie viele Kolonien: Die Küsten Siziliens und Italiens, später auch Südfrankreichs sowie im Norden der Ägäis, am Marmara- und am Schwarzen Meer boten einen beachtlichen »Entlastungsraum«. Dies alles läßt sich summarisch für das 8. vorchristliche Jahrhundert feststellen.

Und klar ist weiterhin, daß in der folgenden Zeit die Monarchien fast überall in den Griechenstädten zu Ende kamen. Daß das nicht durch persönliche Unfähigkeit ihrer Inhaber bedingt gewesen sein kann, ergibt sich daraus, daß die Institution fast überall unterging (oder nur mehr auf religiöse Funktionen beschränkt wurde).[22] Die vielfältigen Gewinne, die aus den neuen Möglichkeiten resultierten, gingen überwiegend an einen breiteren Kreis von Adligen. Aber auch aus der Schicht der Bauern hatten viele Anteil daran, es erschlossen sich mit der Zeit große Spielräume. Das wirkte zugleich ins Mutterland zurück.

Da der Adel vielfach nicht in der Lage war, stabile Regimes zu erhalten, es vielmehr zu einer schweren wirtschaftlichen, gesellschaftlichen und moralischen Krise kam, entstand mit der Zeit die Chance zu einer stärkeren Mitsprache breiterer Schichten, die schließlich zu den Vorformen der Demokratie führte. Übrigens ist im Laufe dieser Jahrhunderte bei allen Veränderungen die Grundtatsache nicht angerührt worden, daß die Griechen politisch in relativ kleinen, selbständigen Poleis lebten. Hier und dort unterwarf eine einmal eine andere, es kam auch zu Zusammenschlüssen von mehreren.[23] Trotzdem blieb die Polis mit einigen tausend Vollbürgern die Normalform politischer Einheit. Die vielfache Reproduktion dieser Einheiten während der Kolonisation kann das nur befördert haben.

Wie nun kam es, daß die Griechen, anders als alle andern Völker, welche Hochkulturen ausbildeten, dies ohne Monarchen und mit dem schließlichen Ergebnis einer demokratischen Verfassung (oder, wenn die eigentliche Demokratie denn erst die Folge der Perserkriege war: einer annähernd demokratischen Verfassung) zu tun vermochten?

Was die »Reaktionen auf Schicksale und Umwelt« angeht, so könnte man eine Besonderheit darin sehen, daß die Griechen durch die Eigenart des Ägäisraums unter noch recht »primitiven« Umständen versucht waren, Schiffe zu bauen und zur See zu fahren. Sie könnten dabei einiges von den Phöniziern gelernt haben; das wäre ebenfalls eine Auswirkung östlicher Kultur, die nicht mit politischer Einflußnahme verbunden gewesen wäre. Zur »Primitivität« der Verhältnisse hätte es gehört, daß die Könige nicht mächtig und reich genug waren, um die Möglichkeiten der Seefahrt zu monopolisieren. So wäre es dazu gekommen, daß diese von größeren Teilen eines Adels genutzt wurden – und daß das zu dessen Stärkung beitrug.

Um dies anzunehmen, braucht man kaum vergleichende Forschung. Daß in relativ primitiven Zuständen die Macht der Monarchen – oder Häuptlinge – schwach ist, läßt sich vermutlich aus der Ethnologie sichern. Daß man in der Ägäis Schiffe baut, kann kein großes Problem gewesen sein. Man sollte sich allerdings wohl nach Ähnlichkeiten etwa mit Indonesien fragen; soweit es um den Schiffbau, doch auch soweit es um die gesellschaftliche Struktur geht.

Die Frage, die dann bliebe, wäre, wieso sich mit der starken Aktivität über See bei den Griechen der Anfang einer Erschütterung einstellte, die zum Ausgangspunkt einer so eigenartigen Kulturbildung wurde. Sie führt gleich zu der weiteren, wie es überhaupt sonst um die Bedingungen des *take off* einer Kulturbildung bestellt ist. Was stört die Grundlagen überkommener Selbstverständlichkeiten so sehr, daß man neue Spielräume sich eröffnen und schließlich alles neu gründen kann – und vielleicht gar muß; wenn es denn gelingt? Falls die Frage so richtig gestellt ist; denn auch das müßte man ja allererst ermitteln. Und danach käme als nächstes das Problem, was die Griechen dazu instand setzte, ihre Kultur aus der Mitte der Gesellschaft heraus aufzubauen. Die Ungestörtheit des Prozesses von außen, die Entfaltungsmöglichkeiten außerhalb des Ägäisraums werden dabei mitgewirkt haben. Vielleicht reichen sie gar schon zur Erklärung? Wie oft kommt es vor, daß eine Kultur in solch idealer Kombination von Ferne und Nähe zu überlegenen Hochkulturen sich bilden kann? Oder anders gesagt, daß das statistisch gesehen vielleicht gar nicht so seltene Phänomen, daß eine primitive Gesellschaft in starke Bewegung gerät, eben in einer solchen Konstellation stattfindet? Sind die geographischen Umstände des damaligen Mittelmeerraums (einschließlich der Besonderheit der Ägäis) vielleicht gar nicht weniger einzigartig als die griechische Kulturbildung? Ob die östlichen Kulturen gerade erst um 800 dazu disponiert gewesen wären, andere Völker entsprechend anzuregen und geistig zu versorgen, wäre allerdings zu prüfen. Die besondere Offenheit der Griechen für deren Einflüsse könnte einfach mit ihrer »Entwicklungsstufe« gegeben gewesen sein. Oder hätten andere in solcher Lage nicht so viel Unternehmungsgeist aufgebracht, nicht so viel Spielraum sich erschlossen? Hätten sie sich nicht so entwickeln können, daß Monarchien – und dazu gehörte auf die Dauer auch deren sekundäre Form, die Tyrannis – keine Chance mehr gehabt und daß die herkömmlichen Selbstverständlichkeiten soweit erschüttert worden wären, daß die notwendige Herrschaftsdisziplin von Adelsschichten stark zu wünschen übrig ließ, so daß die Chance zur Demokratie entstand? Hätten also andere eine solche Chance in entsprechender Situation nicht so gut nutzen können?

Man weiß nicht, wieweit das Studium anderer Kulturen uns wirklich die Möglichkeit gibt, solche Fragen zu beantworten. Da es aber nie konsequent versucht worden ist, kann man das Gegenteil auch nicht behaupten. Und auf jeden Fall bleibt gewiß bestehen, daß wir zu wenig allgemeine Kenntnis von Kulturbildung, von den Bedingungen früher Schiffahrt im Verhältnis zur Gesellschaftsstruktur, von den Besonderheiten bestimmter geographischer Situationen haben, um auf die genannten und eventuell andere Fragen wirklich so gewappnet zu sein, wie es möglich ist.

Aber dann bleibt natürlich die Frage, wieweit die Griechen doch schon ins 8. Jahrhundert aus fernerer Vergangenheit besondere Voraussetzungen mitbrachten; es müssen ja keineswegs solche des »Erbguts«, sondern es können ihrerseits Ergebnisse früher »Reaktionen auf Schicksale und Umwelt« gewesen sein. Man könnte an die spezifischen Folgen einerseits des Untergangs der mykenischen Kultur (samt manchen Erinnerungen daran), andererseits der Wanderungen denken. Max Weber meint etwa, Respektlosigkeit gegen die Götter, wie sie sich bei Homer finde, habe nur im Gefolge von Wanderungen entstehen können, denn da sei man nicht genötigt gewesen, an alten Tempeln und Gräbern zu leben.[24] Aber Teile der Vorbevölkerung waren schon viele Jahrhunderte im Land, und sie unterschieden sich religiös kaum von den andern. Außerdem täuscht unsere Überlieferung: Homer steht nur für einen Teil, einen besonders lichtvollen, uns zugewandten Teil der damaligen Religion. Schließlich fragt es sich, wieweit Religionsbildung immer erst Teil der Kulturbildung ist. Da entscheidet sich, wer die Priester stellt, wie mächtig sie sind, um andere geistig oder vielleicht auch materiell in Abhängigkeit von sich zu bringen. Aus der Alten Geschichte im engeren Sinne wird man darüber keinen Aufschluß gewinnen können; wieweit vergleichende Studien es ermöglichen, ist mir zweifelhaft. Aber es möchte immerhin sein, daß man sich in solchen Studien mit der Zeit ein etwas besseres Sachwissen über die Möglichkeiten und die möglichen Zusammenhänge erarbeiten kann, die hier zu bedenken sind.

Und wie steht es mit der inneren Struktur der Polis-Gesellschaften, speziell der eigentümlichen Tatsache, daß größere Geschlechter und Geschlechterverbände bei den Griechen fast keine Rolle spielten? Wenn man es grob formulieren will, könnte man wohl von der weitgehenden Vereinzelung der Häuser, das heißt der Familien der Zugehörigen sprechen. Die Unterabteilungen, Phylen, Phratrien, Gene (wörtlich: Geschlechter) sind zum Teil künstlich geschaffen, im übrigen gerade nicht Organisationen von Geschlechterverbänden gewesen. Relativ selbständige Hausherren waren in ihnen vereint, und zwar auf genossenschaftlicher Grundlage.[25] Woher kam das und wie weit ist es ein griechisches Spezifikum? Es wäre an der Zeit, anknüpfend übrigens an Max Weber[26], eine Typologie verschiedener Formen von Unterabteilungen und verschiedener Weisen, einem Gemeinwesen zuzugehören, zu erarbeiten, auf deren Hintergrund die griechische Besonderheit, so ist doch wohl zu hoffen, mindestens deutlicher herauskäme.

Man könnte noch einen weiteren Zug besonders hervorheben: Das ist das eigenartige Wertlegen der Griechen schon zur Zeit Homers auf die Autarkie des Hauses.[27] Es ist natürlich besonders dem Adel eigen, hat aber auch bei den Bauern nachweislich eine Rolle gespielt. Ist es ein Korrelat der relativen Vereinzelung des Hauses, der Grundeigentumsverhältnisse? Und wie hinge dies beides mit der eigenartigen Tatsache zusammen, daß bei den Griechen, anders als etwa bei den Römern, nie eine starke Klientel ausgebildet wurde?

In diesem Zusammenhang ist aber auch der Vereinzelung und des Autarkiestrebens der einzelnen Städte bei den Griechen zu gedenken, die denen der Häuser so auffällig korrespondierten. Sie waren durch die Geographie im Ägäisraum zwar begünstigt, können aber keineswegs als

Konsequenz daraus angesehen werden.[28] Denn ein dichtes Nebeneinander einzelner selbständiger Gemeinwesen ist auch dort zu beobachten, wo es geographisch leicht hätte überwunden werden können. Außerdem ist es wahrscheinlich, daß der gleiche Raum in mykenischer Zeit schon größere politische Einheiten erlaubt hat, wie er es in hellenistischer Zeit wieder tat.

Wie aber kam es zu der Vereinzelung der Städte, in welche Zusammenhänge gehört sie? Denn es befriedigt ja nicht, wenn man sie bloß feststellt oder bestimmte »Volkseigenschaften« zu benennen sucht, die ihr korrelieren sollen. Das hieße ja wiederum nur, das eigene Nichtwissen durch bestimmte Etikettierungen zu kaschieren. Die Tatsache, daß sich so viele Aktivitäten bei den Griechen nach außen lenkten und der entstehende Bevölkerungsüberschuß und damit all die potentiell mit ihm verbundenen Probleme zunächst exportiert wurden, reicht als Erklärung nicht hin. Denn mit ihr ist ja noch keineswegs gegeben, daß nicht hier und dort versucht worden wäre, das eigene Gebiet durch Eroberung zu vergrößern. Das berühmteste Beispiel dafür bietet Spartas Eroberung Messeniens (das übrigens durch ein besonders unwegsames hohes Gebirge von ihm getrennt war!). Daneben gab es im kleineren Umfang verschiedene Erweiterungen von Poleis. Doch im Ganzen ist auffällig wenig Eroberung gelungen und folglich auch wohl wenig versucht worden. Vielleicht war der Wunsch, benachbarte Gebiete zu gewinnen, gar nicht stark? Vielleicht war es reizvoller, in andere Gegenden auszuweichen, wo mehr, zumeist auch fruchtbareres Land leichter zu haben war? Dann wäre es den Griechen mehr um den individuellen als um den Gewinn für die Größe der Stadt gegangen. Jedenfalls müßte man annehmen, daß sie, aufs ganze gesehen, Eroberungskriege, vielleicht gar auch die kriegerische Auseinandersetzung mit ihresgleichen überhaupt scheuten – oder scheuen konnten, weil und solange sich ihre Wünsche nach Land auch anders befriedigen ließen (und daß jene Scheu anhielt, nachdem diese Befriedigungsmöglichkeit aufgehört hatte). Das wäre immerhin nicht uninteressant.

Vielleicht aber war es gar nicht der Krieg, den sie scheuten, sondern weit mehr die Schwierigkeit der Einverleibung anderer Bürgerschaften? Mindestens in der klassischen Zeit haben sich die Griechen damit schwergetan. Aber das muß nicht unbedingt auch für die archaische gelten. Andererseits weiß man, daß bei aller Vereinzelung der Häuser und ihrer Herren in den griechischen Städten ein familienartiger Zusammenhang geherrscht hat. Er bestand schon in den Unterabteilungen, die zugleich Kultgemeinschaften waren; aber ebenso in der ganzen Stadt. Max Weber schreibt: »Wie außerordentlich leicht speziell politisches Gemeinschaftshandeln die Vorstellung der ›Blutsgemeinschaft‹ erzeugt, ... zeigt der ganze Verlauf der Geschichte«. So hat noch Kleisthenes seinen künstlichen Phylen den »Anschein einer Stammesgruppe« (Finley)[29] gegeben. Dazu gehörte die zwar nicht unüberwindbare, aber immerhin mächtige Hemmung gegen die Aufnahme anderer in die eigene Bürgerschaft. Ganz im Unterschied zu Rom, das – vermutlich auf Grund der starken Stellung der eigenen Aristokratie – mit dem Bürgerrecht so großzügig umzugehen pflegte.[30] Also: Zahlreiche Bürgerrechtsverleihungen, Klientelen, Adelsmacht hier – genossenschaftlich organisierte Abteilungen (bei aller Überlegenheit von Adligen), wenig Klientel, große Exklusivität dort. Hängt das zusammen? Möglicherweise ist damit einerseits die Fähigkeit, andererseits die Unfähigkeit zu größeren Eroberungen und damit auch ein je ganz verschiedenes Verhältnis zum Raum vermacht. Das würde zugleich bedeuten, daß die Römer sehr viel stärker zu Krieg *und* Eroberung neigten, die Griechen hingegen, wenn sie denn allgemein auch eine starke Neigung zum Krieg gehabt haben sollten, diesen jedenfalls eher zum Zwecke des Sich-Messens führten, so daß man vereinfachend sagen könnte, daß bei ihnen das agonale Moment im Krieg wie im Sport wie in vielem anderen die Stelle eingenommen hätte, die bei den Römern das ausgreifende Kriegführen hatte.

Lassen wir die weiteren Fragen, die sich hier anschlössen, etwa nach Eigenarten, die man eventuell im homerischen Epos fassen kann, beiseite! Insgesamt stehen wir, so kann man doch wohl schon aus dem Vorgebrachten schließen, vor der Frage, wieweit die Griechen um 800 v. Chr. schon in bestimmter Richtung festgelegt waren[31]: auf Autarkie, auf Vereinzelung, auf privates Grundeigentum; auf eine bestimmte Weise des Sich-Beziehens aufeinander, weit mehr nämlich im Sinne der Behauptung des Eigenen, des Wettbewerbs und der Feststellung von Rangverhältnissen durch gegenseitiges Sich-Messen als im Sinne des Sich-Verbindens mit andern, des gemeinsamen Handelns, der Machtausübung, Machtgewinnung, der Herstellung von Herrschaftsverhältnissen mit ihren Rechten und Pflichten (wobei dann ja in Rom, wo dies letztere vorherrschte, auch die plebeische Opposition zur Zeit der Ständekämpfe die Formen des Sich-Verbindens, der gegenseitigen Disziplinierung, der Klientel pflegte).

Oder hatten die Griechen um 800 noch alle Optionen offen? Hätten sie sich unter dem Druck anderer Verhältnisse anders entwickelt, wären sie den Römern ähnlicher geworden?

Wie aber kann man Näheres darüber in Erfahrung bringen? Mindestens eines sollte man tun: Diesen Tatbestand den Historikern anderer Gesellschaften und Epochen vortragen, fragen, wieweit sich etwa Ähnliches anderswo beobachten läßt; und schließlich zu eruieren suchen, was alles im Laufe einer Kulturbildung variabel sein kann, wann und in Hinsicht worauf Festlegungen erfolgen, die dann nur noch zu brechen, nicht mehr zu biegen sind – und was Kulturbildung überhaupt ist.

Nach Max Weber war die antike Polis »seit der Schaffung der Hoplitendisziplin eine Kriegerzunft«[32]. Ich lasse beiseite, wieweit seine Argumente ausreichen, um dies zu erweisen. Einerseits kann man feststellen, daß die große Zahl der Kriege, die er beobachtet, sich auf ein Minimum reduziert, sobald man diejenigen jener drei Städte abzieht, die uns aus der Antike am bekanntesten sind und die dies deswegen sind, weil sie eben viele Kriege geführt haben oder weil sie eine Kultur ausbildeten, die weitgehend auf Kriegführung beruhte. Das waren Rom, Athen im 5. und 4. Jahrhundert und Sparta.

Andererseits bleibt bestehen, daß zum antiken Bürger-Begriff, und wohl schon zu seiner Ausbildung und Vorgeschichte im 7. und 6. Jahrhundert der militärische Dienst gehörte. Für das bürgerliche Selbstverständnis gerade der Angehörigen der Mittelschichten war die Hopliten-Eigenschaft zentral. Allein, kann man deswegen den antiken Poleis schon den Charakter eines »chronischen Kriegslagers« (Weber) zusprechen? Kann man daraus auch nur auf die Häufigkeit von Kriegen in früher Zeit schließen? Kann man deswegen schon annehmen, daß die antiken Bürgerschaften vornehmlich als »Kriegerzünfte« charakterisiert waren?

Jacob Burckhardt sprach von der »Wenigkeit der Kriege zwischen Hellenen« in archaischer Zeit und nannte sie das »schönste Distinguens« jener Epoche.[33] In der Tat wissen wir für diese Zeit nur von wenigen Kriegen. Aber was ist uns schon überliefert? Waren es nicht vielleicht in Wirklichkeit doch viele? Thukydides stellt nur fest, daß es zu Land keinen Krieg, aus dem eine größere Macht hervorgegangen wäre, gegeben hätte, auch keine gemeinsamen Feldzüge in die Ferne, sondern nur Kriege zwischen einzelnen Nachbarstädten; als einmal mehrere Städte beim Kampf um das Lelantische Feld auf Euböa aufeinanderstießen, sei es eine Ausnahme gewesen (1, 15).

Ich habe früher angenommen, daß Burckhardt recht hätte. Ich meinte, wenn die Griechen viel Krieg geführt hätten, müßte es sich auf der Landkarte ablesen lassen. Mit statistischer Wahrscheinlichkeit hätte es vorkommen müssen, daß einige Städte öfter andere besiegt haben als ihnen unterlegen sind. Und sollte man dann nicht annehmen, daß sie die Besiegten vertrieben, der eigenen Polis unterwarfen oder einverleibten, daß mithin also größere Machtgebilde entstanden wären. Das aber ist, wie schon gesagt, nur selten geschehen, und im eklatantesten Fall, der Eroberung Messeniens durch Sparta, hat es schließlich dazu geführt, daß die erobernde Gemeinde sich aufs stärkste verändern, nämlich wirklich militarisieren mußte, um die gewonnene Macht zu behaupten. Doch beruht diese Argumentation auf der Voraussetzung, daß Kriege, aufs ganze gesehen, mit der Konsequenz der Eroberung respektive Unterwerfung geführt zu werden pflegen; wie es etwa zur Zeit des Aufstiegs Roms, aber auch in der europäischen Geschichte immer wieder der Fall gewesen ist.

Indes muß es keineswegs so sein. Johann Huizinga[34] hat auf den »Wettkampfcharakter« vieler archaischer Kriege hingewiesen (er meint freilich nicht speziell die der *griechischen* Frühzeit). »Man führt Krieg, um durch die Probe des Gewinnens oder Verlierens eine Entscheidung mit heiliger Geltung zu erlangen.« Wie immer es um die Heiligkeit der Geltung stehen mag, daß der Krieg, wie etwa auf andere Weise ein Gerichtsverfahren, eine Form war, zu Entscheidungen zu kommen, hat auch Jean-Pierre Vernant[35] vermutet. Es geht dann im Kampf um ein Sich-Messen nach bestimmten festgelegten Regeln. Der Sieg bedeutet nicht nur Entscheidung, sondern zugleich Ehre, Überlegenheit, vielleicht Vorherrschaft. Es mag zugleich ein Stück Land auf dem Spiel stehen, aber in dessen Behauptung respektive Verlust dokumentiert sich vor allem nur ein neues Verhältnis zwischen den grundsätzlich einander gleichen Gegnern. Vielleicht kann man außerdem daran denken, daß die je heranwachsenden neuen Generationen sich einmal dem blutigen Kampf auszusetzen haben. Für Griechenland sind jedenfalls einige Kriege dieser Art nachgewiesen.[36] »Eroberung, Unterwerfung, Beherrschung eines anderen Volkes« liegen dagegen nach Huizinga außerhalb des Bereichs solcher »agonalen Kriege«.

Insofern kann das Studium von Kriegen in China, Japan und im europäischen Mittelalter (daher stammen Huizingas Beispiele) sowie bei frühen Völkern immerhin eine Anschauung dafür bieten, womit auf diesem Felde zu rechnen ist. Huizinga weist auch auf die berühmte Äußerung des Persers Mardonios[37] hin, wonach es sehr merkwürdig sei, daß die Griechen nicht nur überhaupt immer wieder Krieg führten (statt sich friedlich zu verständigen, da sie doch die gleiche Sprache sprächen), sondern dies auch noch auf offenem Felde täten (statt bestimmte Vorteile des Geländes wahrzunehmen). Das ist sicher eine gute Beobachtung (auch wenn in ihr die »Eigenstaatlichkeit« der Poleis völlig verkannt wird). Wir wissen zudem, daß etwa die Spartaner so sehr auf diese Art Krieg ausgerichtet waren, daß sie sich auf die Erfordernisse einer Belagerung überhaupt nicht verstanden respektive verstehen wollten.[38] Auch Platon, auch Xenophon[39] plädieren entschieden für den offenen Kampf auf freiem Feld, das heißt für den Wettkampf anstelle eines unbedingt und mit allen Mitteln auf Niederwerfung des Gegners kalkulierten Krieges. Aber natürlich hatte es immer schon und zumal seit dem 5. Jahrhundert zugleich eine Orientierung von Kriegen an der Durchsetzung weiter gesteckter Ziele gegeben.

Wenn aber bei den Griechen mit »agonaler Kriegführung« zu rechnen ist, so besteht grundsätzlich die Möglichkeit, daß sie in archaischer Zeit relativ viele Kriege geführt haben. Insofern mochte Max Weber im Recht sein.

Eine andere Frage ist, was solche Neigung zu »agonaler Kriegführung« bedeutet? Unter welchen Umständen braucht man so etwas, unter welchen schafft man es ab? Hängt es vielleicht mit dem Grad politischer Organisation, mit der Macht oder Ohnmacht herrschender Instanzen, mit der größeren oder geringeren Notwendigkeit zur Legitimierung von Herrschaft durch auswärtige Erfolge zusammen; vielleicht aber auch mit besonderen Einstellungen zu Leben und Tod, Alltag und Fest etc.? Auch der Nahrungsspielraum, auch die Grundeigentumsverhältnisse möchten in diesem Zusammenhang eine Rolle spielen. Für ein genaueres Verständnis dieser Art von Kriegführung und ihrer weiteren Voraussetzungen sind wir also wiederum auf vergleichende Studien angewiesen.

Als weitere Argumente für seine Deutung der Polis als Kriegerzunft führt Max Weber die weitgehende Aufsicht der Stadt über das Privatleben der Bürger und ihre unbedingte Verfügung über deren Vermögen an. Die Polis sei »als militaristischer Verband« absolut souverän gewesen. Und Weber fügt hinzu, weder im Mittelalter noch irgendwo sonst fände die Hoplitenbürgerschaft eine Analogie; auch dies, nebenbei gesagt, ein Ergebnis vergleichender Betrachtung. Sie erstreckt sich übrigens auch auf die griechische Religion. Man sollte anfügen, daß die Unterabteilungen der Polis militärische Funktionen hatten.[40]

Allein, ich hätte trotzdem große Zweifel, ob man die antike Polis mit Ausnahme Spartas als Kriegerzunft zu verstehen hat. Jedenfalls kann man deren Bestimmung auch ganz anders versuchen. Die griechischen Bürger waren zunächst Landeigentümer. Eine gewisse Gleichung zwischen Zugehörigkeit zum Bürgerverband und Landeigentum hält sich lange durch, von einem bestimmten, relativ frühen Zeitpunkt an zwar nicht absolut, aber doch derart, daß die Landeigentümer stets besonders angesehen gewesen sind (und daß Aufsteiger gern nach Landbesitz strebten).[41] Darin bestand ein, übrigens gerade von Max Weber betonter, deutlicher Unterschied zur mittelalterlichen Stadt.

Daß die Bürger (nachdem es zunächst nur die Adligen getan hatten) es aber übernahmen, sich militärisch zu equipieren und zu Felde zu ziehen, könnte einfach ein Ausdruck der Tatsache sein, daß man keine Söldner hatte – oder wollte. Und dies hinwiederum könnte seinen Grund darin gehabt haben, daß man nicht geneigt war, Steuern – oder mehr Steuern – zu zahlen. Söldner haben die Städte damals kaum angeworben. Steuern gehörten zur Herrschaft des Tyrannen. In freien Gemeinwesen zahlte man, soweit wir sehen können, nur dort Steuern, wo der Stadt gar keine oder fast keine eigenen Einkünfte (etwa aus Bergwerken, Zöllen etc.) zur Verfügung standen.[42] Ein Widerwille gegen solche Abgaben sollte zu verstehen sein. Vermutlich wird er nur dann überwunden, wenn irgendeine Instanz da ist, die sie den Bürgern aufnötigen kann. Dann verschiebt sich das Rätsel auf die Frage, warum die Griechen solche Instanzen nicht hervorbrachten.

Vielleicht ist aber auch zu fragen, ob es anders gewesen wäre, wenn man in Griechenland seit alters Steuerabgaben gewöhnt gewesen wäre. So jedenfalls vermutet es Paul Veyne.[43] Aber dann fragt sich doch, ob die Griechen bei solcher Gewöhnung überhaupt dazu gekommen wären, Isonomien und Demokratien auszubilden. Mit Steuereinnahmen wären Steuerbehörden vermacht gewesen, eine Verwaltung, die die Tendenz gehabt hätte, eine Reihe von Geschäften in die Hand zu nehmen oder überhaupt erst hervorzubringen, Legitimationszwänge, vielleicht Eroberungskriege, eine Söldnerarmee und anderes. Und es wäre ihr natürlich auch ein Machthaber zugeordnet gewesen, der vermittels der Verwaltung stark war, und die Verwaltung ihrerseits wäre so leicht nicht zu kontrollieren gewesen, mangels vielfältiger Institutionen und Möglichkeiten des modernen Staats. Jedenfalls sollte die eigentümliche Tendenz der griechischen Bürgerschaften, die gemeinsamen Angelegenheiten möglichst auch gemeinsam zu erledigen, auf dem Hintergrund anderer Möglichkeiten überprüft werden, im Vergleich besonders zur neueren Geschichte, möglicherweise aber auch zu orientalischen Kulturen und zu afrikanischen Reichen.

Doch zurück zu unserer Frage nach der Kriegerzunft: Hing es auch mit dem militärischen Charakter der Aristokratie in jenen Landbesitzergemeinden zusammen, daß die Herren nicht einfach für etwas zahlen wollten, was sie auch selbst besorgen konnten und traditionell besorgt hatten? Für die Bauern stellte sich die Frage, als man größere Aufgebote brauchte, zwar anders: Sie hatten keine solche militärische Tradition, obwohl auch sie eine gewisse Erziehung zur Wehrhaftigkeit genossen und an Kriegen schon als Hilfstruppen teilgenommen haben werden. Aber wenn man sie vor die Wahl stellte; wenn die Adligen ihnen ihren eigenen Unwillen zum Anwerben von Söldnern zu verstehen gaben – denn andere Formen einer spezialisierten Berufsarmee kamen gewiß nicht in Frage –, wenn sie ihnen die Kosten vorhielten; wenn die Bauern gar eine Chance darin sahen, in der dem Adel bis dahin vorbehaltenen Sphäre künftig ihrerseits mehr oder weniger gleichberechtigt zu wirken – mußte da die Entstehung der Hoplitenschaft nicht ganz naheliegen?

Ich vermute, sie sei einfach eine Konsequenz der griechischen – übrigens auch der römischen – Form des Gemeinwesens gewesen, jener Landeigentümergemeinden ohne Monarchien, die, wie Weber[44] richtig im Unterschied zum Mittelalter hervorhebt, zumeist an andere Gemeinden gleichen Typs grenzten und keine grundsätzlich anders aufgebaute Macht in ihrer Nachbarschaft hatten, welche ihnen militärisch nennenswert überlegen gewesen wäre. Nur wenn dies der Fall gewesen wäre, hätte wohl eine Wahrscheinlichkeit dafür bestanden, daß Einzelne bei ihnen mächtig, daß dauerhafte Monarchien gegründet, eventuell größere Machtkomplexe gebildet worden wären – oder daß die Städte sich auf Handel und Gewerbe konzentriert und mit den umliegenden Mächten ein Auskommen gesucht hätten, wie etwa im Mittelalter. Dafür, daß die Griechen (wie mutatis mutandis Römer und Italiker) in entscheidenden Phasen ihrer Geschichte politisch selbständige Landeigentümergemeinden sein und bleiben konnten, gibt es doch wohl ebenfalls keine Analogie.

Indem aber die Bauern am ursprünglich adligen Wehrdienst teilhatten, könnten sie sehr wohl einen besonderen Stolz auf die militärische Funktion entwickelt haben (zumal der so rasch keine nennenswerten politischen Rechte entsprachen). Daraus könnte sich die Vorliebe für Hoplitendarstellungen, etwa auf Vasen erklären. Aber es mag natürlich zugleich zu militärischen Demonstrationen, auch zu erhöhter Bereitschaft zu Kriegen geführt haben. Doch von »chronischen Kriegslagern« braucht man deswegen, mit Ausnahme Spartas, noch lange nicht zu sprechen.

Auch was Max Weber sonst noch anführt, braucht keineswegs im Sinne der Polis als spezifischer Kriegerzunft interpretiert zu werden. Daß die Griechen alles, »was die militärische und bürgerliche Zucht und Ordnung gefährdete oder die Götter zum Nachteil der Stadt erzürnen konnte« zu unterbinden und zu bestrafen pflegten, läßt sich auch politisch erklären. Diese Gemeinwesen, die unmittelbar in ihren Bürgern ruhten, in denen es keine speziellen »staatlichen Apparate«, fast keine Polizei gab, waren darauf angewiesen, daß ein gewisses Mindestmaß an »Tugend« in allen Mitgliedern vorhanden war.[45] Und die Verfügung über das Vermögen der Einzelnen ergab sich einfach aus dem Finanzsystem, das wiederum genau der unmittelbaren Weise entsprach, in der die Bürger den Gemeinwesen zugehörten.[46] Insofern erfüllten sie alle zusammen die verschiedensten Funktionen. Wie sie Hopliten waren, so waren sie auch Festgemeinde und zugleich für das Politische zuständig, mindestens in der Volksversammlung. Nur Sparta war – sekundär – aufs stärkste auf den Krieg ausgerichtet.

Max Webers Charakterisierung als Kriegerzunft ergibt sich meiner Vermutung nach vor allem im Unterschied zum Mittelalter, auch zum modernen Staat. Hätte er ethnologische Kulturen untersucht, wäre er vermutlich immer wieder auf »Kriegerzünfte« gestoßen – wenn er nicht bei der Gelegenheit herausgefunden hätte, daß das Kriegerische dort wie bei den Griechen zumeist eingebettet war in eine Vielzahl anderer Funktionen, die ebenfalls Sache der gesamten Gemeinwesen waren: Waren es nicht einfach Kulturen ohne nennenswerte Spezialisierung, ohne Staatsapparat, ohne Konzentration großer Mittel in der Hand von Monarchen?[47] Die freilich im übrigen recht verschieden ausfallen konnten, wie schon der Vergleich von Athen und Sparta sowie Griechen und Römern zeigt.

Doch lassen sich auch diese Vermutungen nur absichern, wenn man einiges mehr weiß, als was sich aus einer Betrachtung der griechischen Geschichte samt gelegentlichen Seitenblicken ergibt.

»Waren die Griechen *besonders* an Politik interessiert?«, so fragte ein Student, als er dahinter kam, daß die Institutionen der attischen Demokratie schlechterdings nicht hätten funktionieren können ohne die Bereitwilligkeit einer außerordentlich großen Zahl von Bürgern, sich regelmäßig in der Politik zu engagieren. Man kann darauf kaum mit Ja, eher schon mit Nein antworten. In Wirklichkeit muß man die Frage selbst als irreführend zurückweisen. Denn der Student hätte nicht mit attischen Bürgern, sondern mit modernen Menschen gerechnet.

Wenn *wir* uns derart aktiv und regelmäßig in Politik engagieren sollen, wie die Athener des 5. Jahrhunderts es getan haben, so müssen wir uns in der Tat *besonders* dafür interessieren. Heute müssen wir ja sogar einen Beruf daraus machen, was das Gros der Athener aber nicht tat. Wir sind Spezialisten, haben wenig Zeit, sind normalerweise nicht in Politik involviert, sehen sie eher von außen und kommen auch bestenfalls von dort in sie hinein; als von Hause aus unpolitische Bürger. Und es stehen uns sehr viele Möglichkeiten zur Wahl, unsere Interessen zu verteilen, von Kino, Fernsehen, Theater und Musik über vielerlei Lektüren bis zu Reisen, Sport und Briefmarkensammeln. Auch unsere Steckenpferde sind spezialisiert. Insofern ist heute ein Begriff von »Interessiertsein« angebracht, der der großen Zahl von Wahlmöglichkeiten in unserer pluralistischen Gesellschaft und unserm primär privaten Status korrespondiert.

»Es scheint, daß politische Apathie bei den meisten Menschen natürlich ist. Es wäre nicht weniger unvernünftig, darauf zu hoffen, daß jeder ein gesteigertes Interesse für Politik an den Tag legte, als von ihm zu verlangen, sich leidenschaftlich für Kammermusik, Elektronik oder Baseball zu interessieren«, so hat das H. MacClosky[48] formuliert und so muß man es in der Moderne – abgesehen von Zeiten besonderer Erregung[49] – wohl sehen.

Wie aber kamen die Athener trotzdem zu einem so außerordentlichen politischen Engagement? Nach Moses Finley verfolgten die meisten unter ihnen dort nur ihre eigenen »nicht-politischen Zwecke«. Politik habe für sie einen »gänzlich instrumentellen Charakter« gehabt.[50] Ganz ähnlich übrigens auch für die Römer. Es sollte etwas für sie herausspringen, im wesentlichen materieller Gewinn. Der Unterschied zur Moderne müßte dann darin bestehen, daß es in den direkten Demokratien der Antike keine Parteien, keine Volksvertreter gab, sondern daß jede politische Mitsprache unmittelbare Beteiligung an der Öffentlichkeit, zumal an den Volksversammlungen erforderte. Folglich wären es die besonderen Umstände der damaligen Ordnung gewesen, die ein stärkeres politisches Engagement notwendig machten. Abgesehen davon habe Politik außerhalb des Kreises der professionellen Politiker damals kein Interesse gefunden.

Es geht hier nicht um detaillierte Kritik an Finley.[51] So sei es genug mit dem Hinweis, daß seine These aller Wahrscheinlichkeit nach an der attischen Demokratie des 5. Jahrhunderts scheitert. Sowohl deren unmittelbare Vorgeschichte wie deren Funktionieren weisen unmißverständlich darauf hin, daß für einen außerordentlich großen Teil der attischen Bürger die Beteiligung an der Politik als solche, unabhängig von bestimmten Zielen, wichtig war; daß sie sich vornehmlich als Bürger, als Teile des Gemeinwesens verstanden, also in der Politik zu Hause waren.

Karl Marx[52] hat das gesehen, als er formulierte, in Griechenland sei »die res publica die wirkliche Privatangelegenheit, der wirkliche Inhalt der Bürger« gewesen, der »politische Staat als politischer« war »der wahre einzige Inhalt ihres Lebens und Wollens« (während die politische Verfassung des 19. Jahrhunderts vom »wirklichen, materiellen Staat oder dem übrigen Inhalt des Volkslebens« unterschieden sei). Man muß dabei nur bestimmte Eigenheiten der Marx'schen Terminologie in Rechnung stellen.

Gewiß wollten die attischen Bürger in der Politik etwas für sich selber. Die Frage ist nur, als was sie dabei figurierten. Man kann als Hausherr die Politik zum Instrument für primär unpolitische Zwecke machen. Aber man kann auch als politisch engagierter Bürger zugleich für seine häusliche Existenz sorgen. Das sind zwei ganz verschiedene Dinge. Nur im letzteren Fall ist man in Politik involviert, muß man daran teilnehmen, auch wenn es sich nicht direkt für einen auszahlt (auch wenn Gegenstände zur Debatte stehen, die einen, von der häuslichen Existenz her gesehen, nicht direkt angehen). Dann kommt man nicht – wie wir – von außen und nur gelegentlich in die Politik hinein, sondern steckt immer schon drin, setzt die eigenen Absichten primär im Rahmen des Politischen. Die Befriedigungen resultieren dann aus dem Erreichen von Zielen, für die man sich engagiert hat. Sie können für einen von Vorteil sein, bestimmte Richtungen der Politik sind ja zumeist »im Sinne« bestimmter Kreise. Aber deren Verfolgung kann ein Eigengewicht annehmen, wobei das Gros der Engagierten nicht von Fall zu Fall darauf zurückzurechnen pflegt, was bestimmte Akte ihnen für die häusliche Existenz bringen. Dieses Eigengewicht korrespondiert der bedingten Autonomie des politischen Feldes, dem man dann mit Haut und Haaren zugehört.

So läßt sich also wohl feststellen, daß die Griechen nicht andere Interessen hatten, sondern anders *waren* als wir. Und sie waren es nicht nur in Hinsicht auf die Politik. Denn mit dem politischen Engagement war vieles andere ja schon gegeben (respektive stand es dahinter), etwa eine bestimmte Zeitauffassung, die Scheidung von Haus und Polis, die relative Abschließung der Bürgergesellschaft gegen Frauen, Nicht-Bürger und Sklaven; die besondere Betonung von Männlichkeit, was zugleich bedeutete von Rationalität und Disziplin (gegenüber der angeblich weiblichen Tendenz zur Unbeherrschtheit), aber auch eine besondere Strenge der Erziehung, die mindestens im Militärischen auf Zucht und Ordnung hielt, ein besonderes Verhältnis zu Ehre und Tod, damit zugleich aber wohl auch zwischen Ernst und Heiterkeit, zwischen Alltag und Fest. Es ist noch gar nicht abzusehen, wie dies alles zusammenwirkte. Doch sollten wir uns hier auf die unmittelbaren Voraussetzungen des Bürger-Engagements beschränken.

Wären die Griechen, so ist doch wohl festzustellen, nur »besonders interessiert« gewesen, so liefe das entweder darauf hinaus, dies als Teil ihrer Mentalität einfach zu deklarieren, der Rätselhaftigkeit also bloß ein Etikett aufzukleben. Oder man müßte ziemlich idealistisch mit dem Vorhandensein oder regelmäßigen Wirksam-Werden irgendwelcher Einsichten etwa in die Wichtigkeit von Politik rechnen – was nicht minder rätselhaft wäre.

Sucht man das gut bezeugte und ebenso gut zu erschließende starke politische Engagement der Griechen (besonders der Athener) zu verstehen, so wird man die lange, leidvolle, endlich auch bewußte Erfahrung größerer Bürgerkreise bedenken, daß sie sich anders gegen Adels- und Tyrannenwillkür nicht schützen konnten. Doch müßte es wohl zugleich andere, stärkere Motive gegeben haben: das war der Anspruch auf Rang, auf Prestige und der Wunsch nach Aufstieg. Die nämlich könnten damals sehr wohl ins Politische gezielt haben. Die politische Öffentlichkeit war mindestens eine sehr wichtige Ebene des Sich-Aufeinander-Beziehens. Es war die Öffentlichkeit der Plätze im Zentrum der Stadt sowie der verschiedenen Unterabteilungen der Bürgerschaft. Sie war von den Adligen bestimmt, war deren spezielle Lebenssphäre. In den bei allen Rangunterschieden genossenschaftlich organisierten Unterabteilungen wurden Rechte und Pflichten (etwa Anteile an Gemeinbesitz, Teilnahme am Kriegsdienst) verteilt: Da wirkte es sich ziemlich konkret aus, was die Einzelnen galten. Man lebte »face to face«. Und das Gemeinwesen war sehr weitgehend eine Sache unmittelbarer Teilhabe, zunächst vor allem des Adels, dann auch weiterer Bürgerkreise. Politische Funktionen waren »Ehren«, Aristoteles bestimmte später den Bürger-Begriff als »Teilnehmen an den Ehren«. Im Politischen etwas zu gelten, könnte also sehr wichtig gewesen sein.[53]

Jedenfalls war hier für die Bauern und später (im Athen des 5. Jahrhunderts) auch für die Theten eine beachtliche Möglichkeit des Aufstiegs gegeben. Insgesamt erreichten sie die Gleichheit der politischen Rechte mit dem Adel, ja schließlich die Herrschaft in der Stadt. Das dokumentierte sich in ihrer regelmäßigen Beteiligung an Politik und beruhte zugleich darauf.

So also könnte man ihr starkes Engagement erklären. Selbstverständlich können Einsichten und Ansprüche auf Rang und Aufstieg im Politischen nicht nur als vereinzelte Motive gewirkt haben, man muß vielmehr annehmen, daß sie sich zu einer allgemeinen Motivstruktur institutionalisierten.

Da könnte eine Prozeßtheorie helfen, die immerhin zu erklären vermöchte, wie es durch Vorbildwirkungen der einen, durch Beschämung der andern, durch »Erwartungserwartungen«[54], das heißt die (oft unbewußten) Vorweganpassungen an gewärtigte Erwartungen sowie durch das Ineinanderrasten vieler Erwartungen und Erfüllungen dazu kommt, daß bestimmte Motive immer wieder die gleichen Motive hervorrufen. Es gibt ja ähnliche Stabilisierungen von Motiven auch etwa im Konfessionellen während Reformation und Gegenreformation. Da kristallisiert sich dann eine »Zirkularstimulation« (Lepsius)[55] heraus, und die kann in jenen kleinen face-to-face-societies besonders wirksam sein. Dabei wären noch zwei weitere, untereinander zusammenhängende Faktoren zu nennen: das ist einerseits die enge Verzahnung von Makro- und Mikroebene des Geschehens, andererseits das ganz außerordentliche Ausmaß an »Kommensurabilität« zwischen dem Einzelnen und dem Geschehen bei den Griechen.

Die Frage nach dem Verhältnis jener beiden Ebenen ist neu; sie ergibt sich primär aus der in den letzten Jahren aufgekommenen Richtung der Alltagsgeschichte. Sie ist – gerade für den Kulturvergleich – außerordentlich interessant. Wieweit ist das, was unsern Alltag heute bestimmt, entfernt von dem, was im ganzen an politischen Ereignissen und Veränderungsprozessen sich ereignet! Besonders gravierend war dieser Abstand unter totalitären Regimen. Der Alltag war weithin »normal«, trotzdem trug, was im kleinen getan wurde, zum großen Geschehen bei. Denn wie sollte etwa das »Dritte Reich« funktionieren, wenn nicht unendlich viele in ihren je begrenzten Bereichen das Ihre taten? Ähnliches ließe sich für die großen Veränderungsprozesse (etwa den der Motorisierung) zeigen. Bei den Griechen aber war es umgekehrt, und zwar insbesondere in der uns am besten bekannten attischen Demokratie des 5. Jahrhunderts. Da reichte die Politik außerordentlich weit in den Alltag relativ sehr vieler Bürger hinein. Weithin machte sie ihn ja geradezu aus, aber sie mußte auch in ihren Häusern und Dörfern ein wichtiges Gesprächsthema sein. Und wie oft langte etwa die Nachricht vom Tode eines Gefallenen dorthin! Da gab es wenig Nischen, in denen der Bürger ganz privat sein konnte und wenn er in seinem Hause ein anderer war als draußen, so nicht, indem er sich der Geltung der öffentlichen Maßstäbe entzog, sondern indem er hier der Herr, dort dagegen nur einer seinesgleichen sein konnte.

Die »Kommensurabilität« zwischen den Bürgern und ihrer Welt aber bedeutete, daß die gesamte Politik – Beschlüsse wie Ausführung, Volksversammlungen wie Schlachten und andere Ereignisse – Menschenmaß hatte. Der Einzelne verhielt sich zur Gesamtheit der Beteiligten im Höchstfall etwa wie 1 : 20 000. Er war bei sehr vielen Geschehnissen dabei, oft war er beschließend oder ausführend daran beteiligt. Große anonyme Prozesse gab es so wenig, daß sie nicht wahrgenommen wurden. In der Regel hatte es eine Stadt nur mit andern Städten zu tun, aber selbst den Persern waren die Griechen ja eine gute Zeitlang gewachsen. Die kriegerische Begegnung mit ihnen vollzog sich ebenfalls in einzelnen Schlachten. Wenn die Athener im 5. Jahrhundert in weiterem Horizont planten, so änderte das nicht viel an der Kommensurabilität, da sich die Dinge der Planung ja relativ glatt fügten. Und was das weitere anging: Die Götter waren so wenig fern wie die Grenzen der Welt respektive, was man dafür hielt. Da war Politik sowohl überblickbar wie interessant, da lag es nur allzu nahe, daß die Einzelnen sich als deren und als der Stadt Teilhaber vorkamen. Als die mit Beschlag belegende Interessantheit der Gegenstände, der Erfolg und der »Sinnkredit« der Politik dagegen nachließen, begann sich auch das Bürger-Engagement zu schwächen, die starke Beziehung auf die Stadt blieb bestehen, aber sie beschränkte sich fast ganz auf die Honoratioren.[56]

Wenn man aber das Bürger-Engagement derart aus Motiven wie Einsicht und Rang sowie deren Institutionalisierung erklärt, so kann dies einigermaßen überzeugend nur sein, wenn wir mehr über die mögliche Kraft solcher Motive, ihr Verhältnis zu anderen, ihnen möglicherweise konkurrierenden Antrieben sowie über die Bedingungen wüßten, die eine solche Konzentration auf das Politische erlauben oder gar nahelegen. Meine These ist, daß die Bürger-Eigenschaft damals so sehr, das heißt so einseitig und so umfassend und für relativ sehr viele bestimmend war, daß die kollektive Identität der Einzelnen geradezu als Bürger-Identität zu begreifen ist. Doch möge dieser Begriff einstweilen noch dahingestellt bleiben.

Daß sich die Adligen stark an der Politik interessierten, ist klar (obwohl es in der radikalen Demokratie dann rückläufig wurde[57]). Auch wohlhabende Bauern und Handwerker mögen großen Reiz darin gefunden haben, als »Honoratioren zweiten Ranges«[58] sich politisch zu betätigen. Das Problem bilden die »Kleinproduzenten«, Bauern wie Handwerker, und Händler. Reimar Müller hat kürzlich noch einmal darauf hingewiesen.[59]

Auch wenn man ihnen für einige politische Funktionen Diäten bot und wenn sie für ihre Ruderdienste besoldet wurden, so waren sie doch weitgehend auf ihre Arbeit angewiesen. Und wir haben keinen Anlaß anzunehmen, daß diese sie nicht wenigstens teilweise auch befriedigt hätte, daß sie nicht gar auf manche Leistungen stolz waren. Speziell die Handwerker (und dazu zählten auch die Künstler) hatten am großen Könnens-Bewußtsein der Zeit teil.[60] Selbstverständlich konnte ihre Arbeit, ihre darin erbrachte Leistung und das Ansehen, das sie dafür genossen, auch in ihrer persönlichen Identität eine wichtige Rolle spielen. Das alles ist nicht problematisch.

Die Frage ist, wie sich dies zu ihrer Bürger-Eigenschaft und zu ihrem politischen Engagement verhielt. Und das nicht nur zeitlich und dem Maße der Aufmerksamkeit nach. Da mag man feststellen, daß viele von ihnen die Arbeit, vielleicht aber auch ihre Freizeit entsprechend gekürzt, dies und jenes, was sie sonst hatten tun können, zugunsten der Politik vernachlässigt haben. Marx meinte, daß die Bauern damals nicht darauf ausgingen, Vermögen zu erwerben, sondern nur für ihren Unterhalt sorgen wollten. Ihre »Surpluszeit« gehörte »der Commune, der Arbeit des Kriegs etc.«[61] Vielleicht könnte man Ähnliches auch für viele Handwerker annehmen.

Entscheidend aber ist, welche Rolle die Bürger-Eigenschaft insgesamt innerhalb der Motivstrukturen dieser »Kleinbürger« spielte, als was sie sich verstanden, als was sie sich zu bewähren suchten. Keineswegs jeder Einzelne, sondern nur maßgebend viele von ihnen. Man hat hier mit *Gravitationen* zu rechnen. Knappe Mehrheiten, ja Minderheiten können doch, wenn sie eindeutig genug sind, die Wertschätzungen und Maßstäbe der Gesamtheit im Sinne einer Schwerkraft nachhaltig bestimmen. Dann entsteht ein gewisser Druck, der nicht unbegrenzt und (was die öffentliche Achtung angeht) nicht ungestraft Abweichungen zuläßt. Was in der Öffentlichkeit gilt und was im Privaten praktiziert wird, ist zwar nicht unbedingt das gleiche[62], und doch kann (zumal in einer so kleinen Gesellschaft) der Druck dessen, was gilt, sehr stark sein. Dank solcher Gravitationen vermögen »die ›Weltbilder‹, welche durch ›Ideen‹ geschaffen werden ... als Weichensteller die Bahnen« zu bestimmen, »in denen die Dynamik der Interessen das Handeln fortbewegt«.[63] Oder, um es mit David Hume zu sagen: though men be much governed by interest, yet even interest itself and all human affairs, are entirely governed by opinion.[64]

Doch geht es hier nicht einfach um Weltbilder und Meinungen, sondern um Weisen, miteinander eine Bürgerschaft zu bilden; Seinsweisen, die, indem sie untereinander in starken Erwartungserwartungen verschränkt sind, eine gewisse »Objektivität« erlangen, solange gewisse Rahmenbedingungen gegeben sind. Es geht, aufs Ganze gesehen, um die politische Öffentlichkeit als wichtigste Ebene des Sich-Aufeinander-Beziehens sowie um die Tatsache, daß eben dieses Sich-Aufeinander-Beziehen damals so wichtig war (wie übrigens auch Marx meint)[65] – wenn dem denn so gewesen sein sollte.

Mindestens läßt sich feststellen, daß die Bürger-Zugehörigkeit die einzig nennenswerte oberhalb von Haus und Nachbarschaft war. Sie war zugleich im großen und im kleinen diejenige zu Kultgemeinschaften.[66] Es gab keine Zünfte, auch nichts, was denen vergleichbar gewesen wäre, denn gewisse Handwerkerkulte können kaum Ersatz dafür geboten haben. Handwerker und Händler waren außerdem herkömmlich geringer geschätzt als Landeigentümer (so sehr man ihre Leistungen bewundern und brauchen mochte). Diese Einschätzung müssen sie keineswegs geteilt haben. Allein, sie begegneten ihr, und wir haben nicht den geringsten Anhaltspunkt dafür, daß sie ihr gegenüber eine Handwerker-Solidarität empfunden hätten (so sehr sie ihre Leistungen stolz herauskehren mochten[67]). Auch ihr politischer Aufstieg resultierte ja nicht aus dieser Eigenschaft, sondern aus dem militärischen Beitrag ihrer Schicht für die Größe der Stadt (und außerhalb Athens, wo es keine solche Flotte gab, gab es auch politisch nichts Vergleichbares). Nirgends finden wir zudem, daß irgendwelche Interessen bestimmter Handwerke oder der Handwerker überhaupt in der Politik eine Rolle gespielt hätten – außer vielleicht in der Vorgeschichte jenes Gesetzes, wonach es strafbar war, Bürgern oder ihren Frauen das auf dem Markt betriebene Geschäft zum Vorwurf zu machen.[68] Wir kennen dessen Datum nicht, aber es ist schwer, darin mehr zu sehen, als einen – vielleicht gar verzweifelten – Abwehrversuch.

Wenn es innerhalb der Bürgerschaft von der häuslichen Situation her eine Unterscheidung gab, die politisch zu Buche schlug, so war es bezeichnenderweise nur die zwischen Reichen und Armen. Nicht also die speziellen wirtschaftlichen Orientierungen, sondern die allgemeinste Grundbedingung unterschiedlicher Vermögenslagen war politisch wichtig. Nichts bezeugt besser als dies, wie sehr die Bürger-Eigenschaft als solche die Bürger in der Politik bestimmte. Darin – so ist meine These – waren sie untereinander identisch, und indem sie es waren, war für das Gros von ihnen die Bürger-Identität so wichtig (mindestens unter den Bedingungen des 5. Jahrhunderts).

Dem korrespondierte die besondere Dignität des Bürger-Seins – schließlich wurde die politische Gleichheit der Unterschichten immer auch als ungewöhnlich, als Privileg, als bedroht empfunden – weiterhin die (eben daraus sich speisende) Solidarität unter ihnen, ein bestimmtes relativ geschlossenes und erreichbares Mannes-Ideal und damit zugleich ein Homogenitätsdruck.

Dies alles bedingte es, daß die attischen Kleinbürger sich, aufs Ganze gesehen, so stark auf die Polis konzentrierten, daß die Gesichtspunkte des Bürger-Seins so »gravierend«, also so beherrschend waren, daß dieses in ihrer Identität, aufs Ganze gesehen, eine solche Rolle spielen konnte. Und das in einer Stadt, die ihre Bürger aufs stärkste in Anspruch nahm.

So kam es, daß die Bürger- und die Handwerker-Eigenschaft auf verschiedenen Blättern standen; daß das Bürger-Sein so bestimmend, so fordernd, so konzentrierend war, daß andere Gemeinsamkeiten (außer der elementaren von reich und arm), dorthin nicht übersetzbar waren; daß die politische Ebene ganz besonders ausgezeichnet, das Zentrum des Ganzen und zugleich aus allem herausgehoben war; daß das Sich-Aufeinander-Beziehen als Bürger und damit die Bürger-Identität so ungemein stark wurde – wie immer der Einzelne die verschiedenen Ebenen, auf denen er lebte, zusammenfügte. Nennenswert viele jedenfalls waren ganz wesentlich Bürger, und ihre Quantität scheint in eine Qualität umgeschlagen zu sein.

Vielleicht ist diese These wahrscheinlich, allein, es fragt sich, ob man, um das zu sichern, nicht gut daran täte, sich zugleich nach Hilfe in anderen Teilen der Geschichte umzusehen.

Die für uns naheliegende Vermutung, daß der Durchschnittsangehörige einer Gesellschaft sich insbesondere um sein häusliches, materielles Wohl kümmert, daß er einerseits die Arbeit, andererseits aber auch sein Privatleben groß schreibt, könnte spezifisch neuzeitlich sein. Wir müßten uns also fragen, ob sie überhaupt in die Antike übertragbar ist. Dies aber wird man nur können, wenn man zugleich in andern Kulturen nach den Motiven, speziell der Arbeitsauffassung der ›kleinen Leute‹ sucht, um zu sehen, wie weit es da allgemeine menschliche Neigungen gibt (und wenn ja, welche) und wie weit, was sie wollen, gesellschaftlich vorgegeben ist. Dann erst wird vermutlich klar werden, ob nicht vielleicht eher unsere Weise des ausgeprägten materiellen Interesses das eigentlich Problematische und Erklärungsbedürftige ist – und gar nicht der griechische Fall einer zeitweilig und aufgrund besonderer Bedingungen herrschenden ganz anderen Orientierung (die dann vielleicht nur ein Sonderfall sehr verschiedener nicht primär materieller Formen der Ausrichtung breiterer Schichten wäre).

Es wäre auch danach zu forschen, wieweit ein Interesse an anerkanntem Rang und Aufstieg je vorhanden ist, um sich – entsprechenden Erfüllungschancen folgend – dann auf verschiedene Felder zu werfen. Weiterhin: welche Anziehungskraft Öffentlichkeit ceteris paribus ausüben kann – oder ob die Tatsache, daß sich den attischen Mittel- und Unterschichten andere Orientierungen als die auf Arbeit oder Betteln oder asketischen Verzicht boten, diese schon einen Sonderfall unter vormodernen seßhaften Gesellschaften sein ließ. Weiterhin müßte man sehen, wieweit Menschen ihre Erfüllung darin finden können, sich unmittelbar aufeinander zu beziehen[69] (wieweit also unsere Formen der Beziehung auf Abstrakta und das über Reichtum, Lebensstandard und alle möglichen spezialistischen Leistungen vermittelte Selbstwertgefühl »normal« sind).

Aber es fragt sich auch, wie es um das Verhältnis zwischen Arbeit und Politik sonst bestellt ist. Uns ist es selbstverständlich, daß Probleme der Arbeit und unserer Stellung im Arbeitsprozeß politische Gemeinsamkeiten begründen und grundsätzlich auch Gegenstand politischer Entscheidungen sein können. Aber wir sind ja auch eine Wirtschaftsgesellschaft, nicht primär politisch. In gewissem Sinne war das schon in den mittelalterlichen Städten der Fall. »Im Altertum städtisches Gewerb und Handel gering-, Ackerbau aber hochgeachtet; im Mittelalter die entgegengesetzte Beurteilung«, zitiert Marx[70] aus Niebuhr. Da wird also der Unterschied zwischen einer vorwiegend agrarisch und einer vorwiegend kaufmännisch und gewerblich bestimmten Stadt seine Rolle spielen. Im Mittelalter gab es dann ja auch Zünfte mit der Fähigkeit zum politischen Gemeinschaftshandeln. Damals entsteht also ein Typ des Zugehörigen, der bürgerliche und zünftige Identität eng miteinander verzahnen kann. Es folgt ihm schließlich der Dritte Stand, der den Adligen umfassend eigene Lebensformen und Ideale entgegensetzen konnte. Zu ihm gehörten zugleich die verschiedenen spezialisierten privaten »Räume« und Vereine[71], in denen eine arbeitsteilige und pluralistische Gesellschaft abseits des Politischen verschiedenste Bewährungsmöglichkeiten bereitstellte, Skalen des Ansehens unabhängig von der Rangfolge der Stände. In der Antike dagegen herrschte beim Adel eine »Statuskongruenz«[72], klare Überlegenheit der einen und Unterlegenheit der andern in jeder Beziehung – bis die breiten Bürgerschaften sich dagegen stellten, in der zentralen Öffentlichkeit des Politischen (und nur da) sich geschlossen zur Geltung brachten, beanspruchten, die Interessen der Polis besser wahrzunehmen, und sich schließlich damit identifizierten. Sie gewannen übrigens daraus eine besondere Legitimation dem Adel gegenüber; und auch Legitimation verpflichtet.

Man hätte weiter in größerem, vergleichendem Zusammenhang zu fragen nach der Eigenart der griechischen Aristokratie, ihrer Öffentlichkeit und nach den potentiellen Vorbildwirkungen von Aristokratie in Gesellschaften, in denen, wie bei den Griechen jener Zeit, doch auch heftige Kritik an den Adligen geübt wurde, in denen immer wieder auch scharfe Gegensätze bis hin zu bürgerkriegsartigen Empörungen gegen den Adel[73] ausgetragen werden, in denen dann aber von den breiten Schichten her eben doch keine umfassende »Alternative« zum Adel entstand.

Und dahinter ergäbe sich das Interesse an weiteren Zusammenhängen, etwa zwischen moderner Arbeitsauffassung, Zeitverständnis, Disziplinierung, Spezialisierung, Religion etc. einerseits[74] – und den entsprechenden Zusammenhängen bei den Griechen.

Ist es aber sinnvoll, statt nur vom starken Bürger-Engagement auch von einer Bürger-Identität der Athener (und darüber hinaus vieler anderer Griechen) zu sprechen? Braucht man diesen schwierigen Begriff? Kann er zu etwas nutze sein?

Zunächst sollte man feststellen, daß die Erfassung wesentlicher historischer Erscheinungen durch Begriffe grundsätzlich besser als das bloße Beschreiben geeignet sein kann, Aufmerksamkeit auf das Gemeinte zu konzentrieren. Auch wer mit guten Gründen für den Gebrauch der Alltagssprache in der Historie plädiert, braucht deswegen nicht vor der Verwendung bestimmter Begriffe zurückzuschrecken, zumal das Wort »Identität« so fremdartig und künstlich ja wieder auch nicht ist.

Doch sollte man bislang ungebräuchliche Begriffe tunlichst nur einführen, wenn sie Erkenntnis – oder deren Vermittlung – befördern können. Wozu also »Bürger-Identität«? Was kann man damit begreifen und begreifbar machen? Es scheint mir klar zu sein, daß die Bürger

Athens (und anderer griechischer Städte) politisch nicht nur etwas taten und sich in etwas engagieren ließen, sondern eben damit auch etwas *waren*, nämlich Bürger in einem sehr bestimmten Sinne. Die Bestandteile des griechischen Bürgerbegriffs sind alle überliefert. Das war das Bewußtsein der Verantwortung der Bürger für die Stadt, die Gleichheit ihrer politischen Rechte, Recht und Pflicht zu aktiver, freier Mitsprache, die Solidarität (zumal unter den Angehörigen der Mittel- und Unterschichten) und »Bürger-Freundschaft«. Einige Kenntnisse zudem, wobei taktisches und moralisches Vermögen innerhalb der »politischen Tugend« interessanterweise nicht geschieden waren.[75] Schließlich – wohl seit den 460er Jahren – das Bewußtsein, daß die Bürgerschaft die Stadt ist, das heißt das relativ konkrete Verständnis davon, daß die Bürger zusammen die Stadt geradezu ausmachen, daß jeder nicht nur ihr Teil (oder gar Rädchen), sondern ihr Teilhaber ist. Es war, wie Platon es Sokrates[76] formulieren läßt, die Gleichheit von Teilen, die nicht verschieden sind wie die eines Gesichts, nämlich Mund, Nase, Augen, Ohren, sondern wie die des Goldes, die sich voneinander und vom Ganzen nur durch Größe und Kleinheit unterscheiden. Welche Motive immer am Anfang zum starken Bürger-Engagement geführt haben, sie mußten bald zu einer geschlossenen Vorstellung vom Bürger-Sein gerinnen. Und die aktualisierte sich in außerordentlicher, umfassender Aktivität.

Eben diese Weise, Bürger und vor allem Bürger zu sein, begreift man, meine ich, am besten als Bürger-Identität. Wenn Identität die Kraft ist, mit der wir darauf bedacht sind, wir selbst, also etwas sehr Bestimmtes, und nicht irgendwas, oder (altmodisch gesagt) uns treu zu sein – dann war sie es, die dem Bürger-Engagement zugrunde lag. Es wäre auf die höchste, allgemeinste Form der »Selbstverwirklichung« hinausgelaufen (den Terminus ernst genommen; nicht also als Tarnvokabel für Egoismus). So war – wie man ohnehin annehmen sollte – die politische Beteiligung selbst ein Ziel.

Folglich hat es, denke ich, einen guten Sinn, von Bürger-Identität zu sprechen. Sie ist es, die sich bei der Begründung der Isonomien (der Vorformen von Demokratie) und dann weitgehend in den Demokratien selbst institutionalisierte. Es vollzog sich damals ein Stück Geschichte in der Dimension der Identität.

Allein, was Bürger-Identität bedeutet, ist damit noch keineswegs genügend klar. Wenn der Begriff nicht nur Endstation einer Beschreibung sein soll, sondern Knotenpunkt, an dem Erkenntnisse miteinander vermittelt, eingeordnet und zugleich verständlich gemacht werden können, so ist zugleich der Rahmen der weiteren, allgemeineren Frage, in den er gehört, zu klären. Damit kommt man wiederum von den Griechen zu den andern.

Die athenische Bürger-Identität unterscheidet sich etwa von der der Römer zunächst dadurch, daß diese einen andern Bürgerbegriff hatten. Wo jene vor allem die Aktivität und Teilhabe am Ganzen betonten, sahen diese vor allem die Rechtssicherheit als wesentlich an.[77] Darin bestand ihre »Freiheit«. Entsprechend waren die attischen Bürger in ihren politischen Rechten wesentlich gleich, die römischen ungleich. Das attische Bürger-Sein aktualisierte sich in regelmäßigem politischen Engagement neben dem Militärdienst, das römische fast ausschließlich im Krieg, nur ganz gelegentlich in Politik (abgesehen vom Adel, welcher als politische Führungsschicht primär durch eine Standes-Identität bestimmt war). Entsprechend war die Rolle der gemeinsamen kollektiven Identität, vom Krieg abgesehen, in Rom sehr viel geringer (die Bürgerschaft ja auch kaum exklusiv). Die Zugehörigkeitsstruktur war komplizierter (vielleicht war deswegen auch die Individualität ausgeprägter; wenn man etwa an die Bedeutung des römischen Portraits denkt?). Überhaupt war für die Gesamtheit die gemeinsame Zugehörigkeit wohl nicht so wichtig wie politische Ungleichheiten – und wie etwa die Orientierung auf Aufgaben (obwohl die Mitgliedschaft mindestens in den oberen Schichten der Bürgerschaft insgesamt mehr auf Partizipation hinausgelaufen sein wird als in der Moderne). Man müßte sich weiterhin fragen, wieweit mit den Begriffen Identität und Zugehörigkeit in den orientalischen Kulturen etwas erschlossen werden kann. Hier freilich mag es genügen, noch einen Blick auf die Neuzeit zu werfen.

Einerseits ist klar, daß die Frage nach der kollektiven (wie die nach der individuellen) Identität heute hochaktuell ist. Sie ist dies, soweit ich sehe, seit dem Zweiten Weltkrieg, und es hat vor allem Erik Erikson zu ihrer Entdeckung, Formulierung und Erkenntnis beigetragen. Inzwischen ist sie nicht nur in Deutschland[78] (wo die Erinnerung an die Jahre 1933 bis 1945 wider Erwarten die große Macht nationaler Identität immer neu erweist), sondern auch in Frankreich in der Debatte. Es gibt eine kompakte und gar nicht zu unterschätzende Identitätsproblematik in den Ländern der Dritten Welt, auch in Ostmitteleuropa und manchen Sowjetrepubliken. Nicht zuletzt spielen die verschiedenen nationalen, kulturellen, aber auch religiösen Identitäten aufgrund der großen Wanderungsbewegungen unserer Jahre in der westeuropäischen Gesellschaft eine bedeutende, zunehmend schwierige Rolle. Kollektive Identität bildet also ein großes Problem, einen Fragekomplex, dem auch die Aufmerksamkeit des Historikers gelten sollte.

Die Antworten darauf werden, entsprechend dem aktuellen Interesse, zumeist im Inhaltlichen gesucht: was macht Identität jeweils aus, worauf bezieht sie sich? Bei der nationalen geht es dann rasch um Sprache, Geschichte, vielleicht auch Konfession, bestimmte »Nationaleigenschaften«, Lebensformen, Institutionen. Entsprechende Fragen kann man natürlich auch für eine griechische Identität (im Gegensatz zu den »Barbaren«), für die athenische und für die vieler anderer Gesellschaften, Kulturen oder Religionsgemeinschaften sowie sozialistischer Parteien, Gewerkschaften etc. stellen.

Aber nicht weniger wichtig sind die Probleme der strukturellen Ausprägung von Identität sowie der Einbettung von Identität überhaupt sowie von einzelnen Identitäten in größere Zusammenhänge. Bei den nationalen Identitäten des 19. Jahrhunderts fragt es sich ja nicht nur, worauf sich etwa die deutsche, die französische und englische inhaltlich beziehen, sondern zugleich, *wie* sie geartet sind. Einmal etwa als nationale Identitäten überhaupt. Als solche standen sie offensichtlich in ganz Europa in einer Konkurrenz mit Zugehörigkeiten etwa zu Ständen, Schichten oder Klassen, vielfach zu Konfessionen, jedenfalls zu Parteien, Gewerkschaften, »Weltanschauungen«, vielleicht auch zu bestimmten Stämmen. Die Einzelnen lebten da typischerweise in ganzen Zugehörigkeitsstrukturen, die recht verschieden sein konnten. Das gab ihrer Ich-Identität potentiell eine beachtliche Spannweite; sie konnten daran wachsen (und auch scheitern). Insgesamt konnte die nationale Identität die andern Zugehörigkeiten nur überwölben; und sie konnte allem Anschein nach nur relativ vermittelt, auf Symbole angewiesen sein; sie spielte im Alltag keine große Rolle, verknüpfte sich kaum mit regelmäßiger Aktivität, konnte aber gleichwohl recht virulent werden.

Zum andern lassen sich vermutlich gewisse Unterschiede zwischen den Nationen beobachten, etwa danach, wie die verschiedenen kleineren Zugehörigkeiten sich zur nationalen verhielten. Wieweit sie etwa im Gegensatz und wieweit in einem Verhältnis der Ergänzung zu ihr und zueinander standen. Aber auch danach, wieweit die nationale Identität durch die Identität als *citoyens* modifiziert war, wieweit sie Gleichheit implizierte, wieweit sie aktive, offene politische Auseinandersetzungen nicht nur duldete, sondern vielleicht gar durch sie gefördert wurde und in gewissem Sinne in ihnen bestand.

Hier wäre es interessant – und wichtig – einen umfassenden Vergleich anzustellen. Etwa zwischen der Vielfalt moderner Zugehörigkeitsstrukturen und der Eindimensionalität griechischer Bürger-Identität, den verschiedenen Bedeutungen von Zugehörigkeit und Identität hier und dort etc. Nehmen wir uns stattdessen nur einen Punkt heraus, die Frage nämlich, was die Identitätsstruktur für die Bedingungen der Persönlichkeitsbildung ausmacht. Erst ein expliziter Vergleich wird lehren, wonach da überhaupt zu fragen ist.

In den komplizierten Zugehörigkeitsstrukturen des 19. Jahrhunderts bestand – zumal in Adel und Bourgeoisie – offensichtlich die Gelegenheit zu recht starker Ausbildung von Individualität. So entsprach es zugleich dem Pluralismus möglicher Tugenden, der Vielfalt der Gesellschaft, der notwendigen Spezialisierung und Einseitigkeit, die offensichtlich zum Staat gehören, wie ja wohl auch der Staat gleichsam der Vater weitgetriebener individueller Besonderheit ist. In Hinsicht auf die Identität ergab sich daraus die Notwendigkeit, verschiedene Zugehörigkeiten auszubalancieren, die notwendigen Rollen zu spielen, darin eine gewisse Selbständigkeit zu bewähren und gerade in aller Einseitigkeit ein Ganzes zu sein. Damit wird dem Individuum einiges zugemutet – und das hat ja auch zu vielerlei Überforderungen geführt; nicht zuletzt aus diesem Erbe speisen sich doch wohl viele Identitätskrisen unserer Tage.

Bei der griechischen Bürger-Identität war es gerade umgekehrt. Dort entwickelte sich ein relativ geschlossenes Mannes-Ideal: es war dasjenige des Grundeigentümers, der in der Lage war, zugleich im Krieg seinen Mann zu stehen und an der Politik teilzunehmen, sie zu beurteilen und mitzubestimmen. Hinzu kamen gewisse sportliche, wohl auch musische

Fähigkeiten. Ein solches Ideal ist für sehr viele erreichbar. Es umfaßt im Grunde ein Durchschnittsvermögen. Aristoteles[79] bezeugt das, wenn er die Ausbildung zum Athleten höchst kritisch betrachtet: »Die Körperbeschaffenheit des Athleten bildet weder eine gute Voraussetzung für die Befähigung des Bürgers noch fördert sie Gesundheit und Zeugungskraft ... Ein gewisses Maß an Anstrengung ist nötig für eine gute Kondition, doch darf sie weder gewalttätig noch spezialisiert sein, wie es bei den Athleten der Fall ist. Sie sollte vielmehr zu dem einem freien Mann angemessenen Handeln befähigen.« Ein solches Mannes-Ideal fordert zu relativer Gleichheit heraus. Alle wollen in etwa das gleiche sein, und es kann nur darauf ankommen, daß man es insgesamt oder mindestens in verschiedenen Hinsichten besonders gut erfüllt. Folglich bleibt die Individualität in der Regel recht eindimensional, stützt sich auf wenige Merkmale, kann von ihrer umfassenden Ausbildung nur in besonderen Fällen, zumeist eher bei Außenseitern die Rede sein. Die klare Scheidung zwischen den Geschlechtern, zwischen Freien und Sklaven, Bürgern und Nicht-Bürgern trägt weiterhin dazu bei. Wenn aber die innere Spannweite zwischen den Rollen und Anforderungen nicht groß ist, so hat das wiederum zur Folge, daß wie die Bürger in der Polis, so auch die Polis in den Bürgern relativ stark gegenwärtig sein kann. Wo wir viel stärker Ungleichzeitiges in uns ausbilden, trifft sich für die Griechen fast alles in der unmittelbaren Gegenwärtigkeit der Zeit und des Raums. Auch das wirkte in Richtung auf Homogenität.

Es findet eine höchst auffällige Entsprechung im Menschenbild der griechischen Plastik, insbesondere bei Polyklet. Man weiß von ihm, daß er, indem er zahlreiche Männer vermaß, ein Durchschnittsmaß ermittelte. Es galt ihm als Maß der Schönheit. Wo in der Weltgeschichte hat es das gegeben? Das Durchschnittliche als das Schöne! Und es war wirklich so! Es scheint somit also ein enger Zusammenhang zu bestehen zwischen der Forderung nach Gleichheit der politischen Rechte und der Möglichkeit, untereinander relativ gleich zu sein.

Schon diese grobe Entgegensetzung sollte lehren, wie wichtig und wie aufschlußreich die Frage nach Zugehörigkeitsstrukturen und Identitäten ist, und es wäre nicht schwer, die weiteren Zusammenhänge aufzuweisen, in die sie zusätzlich Licht werfen könnte, etwa Probleme des Verhältnisses zwischen Zugehörigkeitsstruktur und Wandlungskapazität: warum ist es in der Antike nie gelungen, eine irgend nennenswerte Zugehörigkeit über die Polis hinaus zu stiften, etwa zu hellenistischen Reichen? Umgekehrt hat die nationale Identität größere Zugehörigkeiten auch universaler Natur nie ganz ausgeschlossen, diese konnten vielmehr in den in der Neuzeit erschlossenen Zugehörigkeitsstrukturen Platz finden. Das wirft ein neues Licht auf die mögliche Komplementarität von Spezialisierung und Partizipation (an der es übrigens in den orientalischen Kulturen wohl zumeist gefehlt hat; oder hat es nur an bestimmten Formen der Partizipation gefehlt, die noch genauer einzugrenzen wären?) Wie groß die Verbände sind, denen Menschen sich zugehörig zu fühlen vermögen, ob sie dies nur konkret oder auch symbolisch vermittelt können und in welcher Form der Teilhabe dies möglich ist – das ist offenbar nach Gesellschaften verschieden. Womit hängt das zusammen und was bedeutet die Schwächung der nationalen Identität, wie weit kann sie – und können korrespondierend kulturelle und religiöse Identitäten – auch heute noch das Zusammenleben verschiedener Kulturen in den gleichen Staaten erschweren, gar verhindern; gibt es Beispiele in der Geschichte, die das Problem aus größerer Distanz anzugehen ermöglichen könnten?

Max Weber hat, wie wir jetzt wissen, seine Frage nach dem großen Rationalisierungsprozeß um 1911 modifiziert, als er nämlich fand, daß nicht nur im neuzeitlichen Kapitalismus, sondern in allen Kulturen Rationalisierungsprozesse stattfanden[80], und sei es, daß sie etwa das Orakelwesen betrafen.

Dadurch werden auch für die griechische Antike viele Fragen neu aufgeworfen. Es ist klar, daß die Griechen die Ordnung des bürgerlichen Zusammenlebens mit höchster Rationalität durchdrungen haben, man braucht nur an Institutionen wie die des Ostrakismos, an die ausgetüftelte Bestellung der Jury für den Theater-Agon oder an die komplizierte Verfassung des Rats der 500 zu denken. Ähnliches gilt von Teilen ihrer Strategie im 5. Jahrhundert, und wir wissen, daß etwa die Sophisten großen Wert auf die Rationalisierung der häuslichen Wirtschaft legten[81], wir beobachten entsprechende Prozesse selbst in religiösen Vollzügen; auch der Mythos wurde in vieler Hinsicht rationalisiert, und in gleiche Richtung weist, was Polyklet versuchte.

Trotzdem hatte diese Rationalisierung unverkennbar Grenzen. An einem Mangel an rationalen Fähigkeiten kann das kaum liegen. Aber woran dann? Offensichtlich haben die Griechen überall dort ihre Wirklichkeit aufs stärkste mit Ratio durchdrungen, wo die überkommenen Selbstverständlichkeiten nicht mehr ausreichten. Das betraf primär das politische Denken, das die gesamte Polis-Welt neu erschloß, dann aber auch das Verständnis des Kosmos und in Folge davon die schon genannten und andere Bereiche ihrer Kultur. Von einem bestimmten Zeitpunkt an hatten sie eine solche Tiefe des Fragens sich erschlossen, daß ihr Anspruch auf rationale Behandlung aller Probleme vor kaum einem Gebiet mehr Halt machen konnte. Und viele, zum Beispiel die Historie, haben sie sich bei der Gelegenheit allererst erschlossen.

Fragt man nach den Grenzen der Rationalisierung, so scheinen sie am ehesten dort zu liegen, wo ihre eigene Identität ins Spiel kam. Um diese Vermutung in aller Kürze zu formulieren: sie waren bereit, ihre Wirtschaft möglichst praktisch einzurichten, sie wußten durchaus zwischen Rentablem und Unrentablem zu unterscheiden, und wenn ihre Bürger-Eigenschaft ihnen nicht im Weg war, so haben sie auch ihrem Reichtumsstreben wenig Grenzen gesetzt. Sie haben manches investiert, haben sich durchaus auch die Natur und in gewissem Umfang auch ihre wissenschaftliche Erkenntnis technisch zunutze gemacht.[82] Sie haben vieles dafür eingesetzt – nur nicht sich selbst. Ihre eigene Hingabe an verschiedene Aufgaben blieb immer ganz auf das bezogen, was sie sich davon erhofften. Anders gesagt: sie haben sich nie etwa der Gesetzmäßigkeit eines Betriebes unterworfen, sich nie zu weit aus der Öffentlichkeit entfernt – und auch nicht aus der Gegenwärtigkeit und aus dem Umkreis dessen, was sie überschauen konnten. Vermutlich hing auch das mit der relativen Konkretheit ihres Lebens und der relativen Unvermitteltheit ihrer Zugehörigkeit zu ihren Gemeinwesen zusammen. Eine andere Ursache mag in der Sklaverei gelegen haben (wobei sich dann freilich zugleich fragt, was der Besitz von Sklaven für die Ausbildung der Eigenart ihrer Herren bedeutet). Allein – ob diese Überlegungen irgendwie begründet sind, das kann man wiederum nur in einer vergleichenden Betrachtung erforschen; einstweilen fehlt es uns jedenfalls an einem Sach- und Zusammenhangswissen, das es uns erlauben würde, hier genauere Aussagen zu machen.

Insgesamt läßt sich wohl feststellen, auch wenn hier und da meine Erwartungen zu kühn gewesen und die Vermutungen in falsche Richtungen gegangen sein mögen, daß die Alte Geschichte, sofern sie sich nicht im Positivistischen erschöpfen will, nicht mehr in der überkommenen Isolation sinnvoll zu betreiben ist. Schon bei der Behandlung einer ganzen Reihe von strukturgeschichtlichen Problemen braucht sie viele Kenntnisse, die sie nicht hat, die sie aus ihren Quellen nicht beziehen kann, für die es eine Lösung bestenfalls im Vergleich und in der vergleichenden Bemühung um ein angemessenes Sach- und Zusammenhangswissen geben kann.

Man soll diese Probleme nicht unterschätzen. Man soll auch nicht meinen, daß es heute einfach genüge, Geschichte wie bisher in einem narrativen Zusammenhang wiederzugeben. Denn nachdem einmal eine ganze Reihe von Hinsichten sich als historisch erwiesen hat, muß auch althistorische Geschichtsschreibung darüber Auskunft geben können. Es genügt nicht mehr, einfach über eine Reihe von Veränderungen zu berichten, sondern es fragt sich eben auch, wieweit und worin in einer Epoche überhaupt Veränderungsspielräume sich erschlossen, speziell bei den Griechen, bei denen wir während des 5. Jahrhunderts einen Umbruch von einer »nomistischen« zu einer »kratistischen« Basis des Denkens und Handelns beobachten[83], der bis weit in die Kunst hinein alles bestimmt, folglich ein Charakteristikum der Epoche darstellt – und über den also eine historische Betrachtung Auskunft geben sollte. Es genügt auch nicht mehr, einfach über politische Auseinandersetzungen zu berichten, sondern es ist auch die Frage zu stellen, welch eine Art von Parteiung sich in einer Zeit ausgebildet hat, wieweit das Veränderungsgeschehen einer Zeit in politische Gegensätze einzufangen war, wie es also um die Vermittlung zwischen Synchronie und Diachronie bestellt war[84]. Und so muß es von Epoche zu Epoche Auskunft über das Verhältnis der Geschlechter, die Einstellung zum Tode, die Beziehungen zwischen Mikro- und Makrogeschichte, über Identität, Rationalisierung und vieles andere geben – sonst bleibt die Geschichtsschreibung hinter dem Fragehorizont unserer Zeit zurück.

Auf all das sind wir kaum gerüstet. Man braucht nur das Lexikon der Alten Welt aufzuschlagen, um etwa nach Orientierung über die Stellung der Antike zum Tod, über die Eigenart ihrer Kriege, ihres Freiheits-, ja ihres Verfassungsbegriffs sich zu orientieren – und man wird nichts finden. Statt eines Artikels »Krieg« findet man nur Auskünfte über 5 Kriegergräber in der Nähe von Knossos, sowie über Kriegsbräuche. Zu »Jugend«, »Alter«, »Kindheit«, »Weinen«, überhaupt zu »Gefühlsäußerungen« findet sich nichts, zum »Fest« keine Auskunft über die besondere Bedeutung und Funktion der Feste im Altertum, sondern nur eine Aufzählung einzelner Feste – und so könnte man noch vieles mehr vergeblich suchen; auch im Kleinen Pauly.

Freilich, wie sollten beim gegenwärtigen Forschungsstand solche Artikel überhaupt geschrieben werden? Andererseits: Wie sollen wir die von uns wissenschaftlich verwaltete Epoche andern darbieten, wenn wir darüber keine Auskunft geben können?

Doch das eigentlich Schlimme ist, daß es noch nicht einmal ein Bewußtsein davon gibt, was alles fehlt. Demgegenüber ist es, scheint mir, an der Zeit, die Frage zu stellen, ob die Alte Geschichte – und entsprechend natürlich auch andere Disziplinen – in vieler Hinsicht nicht allzu laienhaft betrieben werden, wenn denn wissenschaftliches Verfahren darin bestünde, alle Möglichkeiten der Erkenntnis, nicht nur solche, die sich innerhalb des eigenen Faches bieten, zu nutzen. Sind wir eigentlich auf dem Stand der Zeit, wenn wir auf dem Forschungsstand sind?

1 Ch. Meier, »Die Griechen: Die politische Revolution der Weltgeschichte«, in *Saeculum* 33, 1982, S. 133 ff.

2 V. G. Childe, *Stufen der Kultur* (1952). Vorgeschichte der europäischen Kultur (1960).

3 Man darf dabei natürlich nicht nur einfach an direkte Übernahmen von den Griechen, wie sie seit der Renaissance so häufig sind, denken, sondern muß einkalkulieren, daß die Griechen schon Rom, und am Christentum mindestens die Theologie aufs stärkste beeinflußt haben und daß von daher immer wieder neue, gerade auch indirekte Wirkungen von ihnen ausgingen und in einer gar nicht mehr rekonstruierbaren Weise die europäische Geschichte bestimmten.

4 Vgl. etwa J.-P. Vernant, *Die Entstehung des griechischen Denkens*, Frankfurt 1982. (Dazu u. S. 73 f.). U. Hölscher, »Das existentiale Motiv der frühgriechischen Philosophie«, in: F. Hoermann, *Probata-Probanda,* München 1974, S. 58 ff.

5 Ch. Meier, *Die politische Kunst der griechischen Tragödie«*, München 1988.

6 Vgl. etwa Ch. Meier, »Die vertrauten und die fremden Griechen«, in *Gymnasium* 1989.

7 Ch. Meier, *Die Entstehung des Politischen bei den Griechen.* Frankfurt 1980, S. 326 ff. und S. 360 ff. Eine besonders interessante Zwischenstellung nimmt die Historiographie der Hethiter ein.

8 Hierzu und zum Folgenden: Ebd. 324 ff., 350 ff., 355 ff., 495 ff. »Geschichte II Antike«, in: O. Brunner/W. Conze/R. Koselleck, *Geschichtliche Grundbegriffe* 2 (Stuttgart 1975), S. 595 ff.

9 Ch. Meier, *Politik und Anmut,* Berlin 1985.

10 W. Burkert, *Die orientalisierende Epoche in der griechischen Religion und Literatur.* Sitzungsberichte Heidelberger Akademie 1984, S. 7 ff. Genau umgekehrt verhält es sich mit den afrikanischen Kulturen, von denen man immer wieder angenommen hat, daß sie durch Einwirkung von Vorderasien, etwa von den Phöniziern geschaffen worden seien. Hier also gilt die »Diffusionstheorie«, obwohl sie in vielen Fällen offensichtlich falsch ist. Dazu etwa B. Davidson, Urzeit und Geschichte Afrikas. Reinbek 1961 sowie J. Jahn, Afrika. Der neue Partner in der Weltgeschichte. In: G. Mann (Hrsg.), Propyläen Weltgeschichte 11 (Frankfurt/Berlin 1965), S. 447 ff.

11 *Einleitung in die vergleichende Religionswissenschaft,* Straßburg 1874, S. 13.

12 Freilich gibt es einige Ausnahmen, u. a. J. Martin, »Two Ancient Histories: A Comparative Study of Greece and Rome«, in *Social History* 4, 1979, S. 285 ff. K. Raaflaub, »The Conflict of the Orders in Archaic Rome: A Comprehensive and Comparative Approach«, in: K. Raaflaub (Hrsg.), *Social Struggles in Archaic Rome.* (Berkeley/Los Angeles 1986, S. 1 ff.)

13 Ch. Meier/P. Veyne, *Kannten die Griechen die Demokratie?*, Berlin 1988.

14 Dazu Th. Nipperdey, *Gesellschaft, Kultur, Theorie*, Göttingen 1976, S. 33 ff.; H. Heuß in *Saeculum* 30, 1979, S. 182 f.

15 Belege und Literaturangaben bei Ch. Meier (wie o. Anm. 7), S. 346 ff.

16 Gesamtausgabe 4 (Philosophische Anthropologie und Handlungslehre. Frankfurt 1985), S. 209 f.

17 *Der deutsche Mensch als Symptom,* Reinbek bei Hamburg 1967, S. 17 ff. *Das hilflose Europa,* München 1961, S. 12 ff.

18 P. Burke in: U. Raulff, *Mentalitäten-Geschichte.* Zur historischen Rekonstruktion geistiger Prozesse, Berlin 1987, S. 132.

19 Der Vergleich ist m. W. nie versucht worden: Thukydides als extremes Symptom eines sehr besonderen Machtbegriffs. Zur Sache: Strasburger, *Kleine Schriften* 2 (Hildesheim 1982).

20 Gesammelte Aufsätze zur Religionssoziologie 1 (Tübingen 1920), S. 81.

21 A. Snodgrass, *Archaic Greece. The Age of Experiment*, Berkeley 1980, S. 19 ff. K. Raaflaub, *Die Entdeckung der Freiheit*, München 1985, S. 82 und 55.

22 Auch die Erklärung von B. Quiller (»The Dynamics of the Homeric Society«, in *Symbolae Osloenses* 56, 1981, S. 109 ff.) scheint mir nicht überzeugend zu sein. Er meint, die Könige hätten bei der Redistribution mehr Abgaben als Einnahmen. Doch läßt sich das kaum nachweisen. Wenn es eine allgemeinere Tendenz in solchen Gesellschaften gewesen sein sollte, so mußte das Königtum häufiger untergegangen sein – und es fragte sich hinwiederum, worin die Besonderheit der Griechen gelegen haben soll.

23 F. Gschnitzer, *Abhängige Orte im griechischen Altertum,* München 1958. K. Raaflaub, *Entdeckung der Freiheit*, S. 92 ff.

24 *Wirtschaft und Gesellschaft.* 5. Aufl. Tübingen 1972, S. 767.

25 Dazu zuletzt M. I. Finley, »Max Weber und der griechische Stadtstaat«, in: J. Kocka, *Max Weber, der Historiker,* Göttingen 1986, S. 92 ff. mit weiteren Hinweisen. K. W. Welwei in *Saeculum* 39, 1988, S. 12.

26 *Wirtschaft und Gesellschaft*, S. 764 ff.

27 A. Aymard, »Hiérarchie du Travail et Autarcie Individuelle dans la Grèce Archaique«, in *Revue d'Histoire de la Philosophie* N. S. 2, 1943, S. 124 ff. und: »L'Idée de Travail dans la Grèce Archaique«, in *Journal de Psychologie.* 41, 1948, S. 29 ff.

28 So auch Heuß, »Herrschaft und Freiheit«, in: G. Mann/A. Heuß, *Propyläen-Weltgeschichte* 11 (Berlin 1965), S. 71.

29 Finley 94. Das Weber-Zitat steht in *Wirtschaft und Gesellschaft,* S. 240.

[30] Einige Überlegungen dazu: Ch. Meier, »Der griechische und der römische Bürger. Gemeinsamkeiten und Unterschiede im Ensemble gesellschaftlicher Bedingungen.« Erscheint in der von E. G. Schmidt herausgegebenen *Sammlung der Vorträge zur vergleichenden Forschung zum Altertum*, Jena 1988; (Akademie Verlag), Berlin-O.

[31] Vgl. Meier, wie Anm. 6.

[32] *Wirtschaft und Gesellschaft*, S. 809 ff.

[33] *Griechische Kulturgeschichte* 4 (Darmstadt 1962), S. 159. Zum Folgenden: Ch. Meier, »Die Rolle des Kriegs im klassischen Athen.« Erscheint in der *Historischen Zeitschrift* 1989 oder 1990.

[34] *Homo ludens*, Hamburg 1956, S. 90 ff.

[35] *Mythos und Gesellschaft im alten Griechenland*, Frankfurt 1987, S. 27 ff.

[36] A. Brelich, *Guerre, Agoni e Culti nella Grecia Arcaica*, Bonn 1961.

[37] Herodot 7, 9b, 1 f.

[38] Thukydides 1, 102. P. Cartledge in: K. Christ (Hrsg.), *Sparta*. Darmstadt 1986, S. 403.

[39] P. Vidal-Naquet, *Le Chasseur Noir*, Paris 1981, S. 142 ff.

[40] Weber S. 228, S. 768 ff.

[41] M. Finley, *Die Antike Wirtschaft*, München 1977, S. 47, 50 f., 109 ff., 136.

[42] Dazu A. Wilhelm in *Sitzungsberichte Akademie Wien* 224. 1947 Heft 4. Ein Überblick: Ch. Meier, »Wie die Athener ihr Gemeinwesen finanzierten«, in: U. Schultz, *Mit dem Zehnten fing es an*, München 1986, S. 25 ff.

[43] Paul Veyne, *Brot und Spiele*, Frankfurt 1988, S. 207.

[44] *Wirtschaft und Gesellschaft*, S. 771.

[45] Ganz im Gegensatz zum Staat der Neuzeit. Vgl. A. Hirschman, *Leidenschaften und Interessen*, Frankfurt 1980. W. Schulze in *Historische Zeitschrift* 243, 1986, S. 591 ff.

[46] Meier wie Anm. 42.

[47] Das verhält sich ähnlich wie bei den politisch-sozialen Ordnungen des 6. Jahrhunderts: Da ist auch das Entscheidende nicht, was uns auffällt: daß Tyrannen oder Adlige die Herrschenden waren, sondern daß die Ordnungen noch »nomistisch« waren, nämlich Politisches, Wirtschaftliches, Gesellschaftliches noch kaum zu scheiden und der Gesichtspunkt der »Herrschaft« eingebettet war in vieles »Unbeherrschbare«. Meier, wie Anm. 7, S. 279 ff.

[48] Zitiert nach Veyne (wie Anm. 43) 84. Für die griechische Demokratie dagegen: Veyne in Meier / Veyne wie Anm. 13.

[49] A. Hirschman, Engagement und Enttäuschung. Über das Schwanken der Bürger zwischen Privatwohl und Gemeinwohl. Frankfurt 1984.

[50] *Politics in the Ancient World*. Oxford 1983. 97 (deutsche Ausgabe 125).

[51] *Gnomon* 58, 1986, S. 504 ff.

[52] *Frühschriften*. Stuttgart 1964, S. 51.

[53] *Politik* 1278a 36. L. B. Carter, *The Quiet Athenian*, Oxford 1986, S. 1 ff.

[54] N. Luhmann, *Rechtssoziologie*, Reinbek 1972, S. 33 ff.

[55] »Zum Verhältnis zwischen Geschichtswissenschaft und Soziologie«, in: H. M. Baumgartner/J. Rüsen, *Seminar: Geschichte und Theorie*, Frankfurt 1976, S. 135.

[56] Veyne, wie Anm. 43.

[57] Carter, S. 52 ff., S. 99 ff.

[58] Meier, wie Anm. 13, S. 56. Ch. Starr, *The Economic and Social Growth of Early Greece*. New York 1977, nennt sie semi-aristocrats (S. 123 ff.).

[59] Poiesis-Praxis-Theorie. Sitzungsberichte Akademie Berlin/DDR. 1989, S. 14.

[60] Meier, wie Anm. 7, S. 447 ff.

[61] »Grundrisse«, in: Marx/Engels, *Werke* 42 (Berlin 1983) 388.

62 Veyne, wie Anm. 43, S. 116 ff.

63 Weber, *Aufsätze*, wie Anm. 20. 252.

64 *Essays Moral, Political and Literary*, ed. T. H. Green/T. H. Gose 1 (1875), S. 125.

65 wie Anm. 61, S. 386 f., 391.

66 Weber, Wirtschaft und Gesellschaft. S. 745 und 768. Welwei, wie Anm. 25, S. 23.

67 Ch. Meier, »Arbeit, Politik, Identität«, in: V. Schubert, *Der Mensch und seine Arbeit*. St. Ottilien 1956, S. 61 f. und 104. V. Zinserling in R. Müller (Hrsg.), Der Mensch als Maß der Dinge, Berlin-O. 1980, S. 88 ff. Zur Einschätzung der Handwerker auch: F. Gschnitzer, *Griechische Sozialgeschichte*, Wiesbaden 1981, S. 125 f.

68 Demosthenes 57, 30. C. Mossé in *Ktema* 10, 1985, S. 78.

69 Dazu gehört die zentrale Rolle der Verteilung gemeinsamer Güter (Kriegs- und Jagdbeute, Opferfleisch, Wein, öffentliche Einkommen) in jenen Bürgerschaften. Dazu einstweilen P. Schmitt-Pantel, »Les Pratiques Collectives et le Politique dans la Cité Grecque«, in: F. Thelamon (Hrsg.), *Sociabilité, Pouvoirs et Société*, Rouen 1987, S. 279 ff.

70 wie Anm. 61, S. 389.

71 Dazu Th. Nipperdey, wie Anm. 14, S. 174 ff.

72 C. Homans, *Social Behaviour. Its Elementary Forms*, New York 1961, S. 232 ff. Luhmann, S. 170.

73 W. Donlan in *Historia* 12, 1973, S. 145 ff.

74 W. Lepenies in: R. Rürup, *Historische Sozialwissenschaft*, Göttingen 1977, S. 126 ff.

75 Meier, wie Anm. 7, S. 454 f. Meier/Veyne S. 87 f.

76 Protagoras 329d.

77 W. Nippel, »Bürgerideal und Oligarchie. ›Klassischer Republikanismus‹ aus althistorischer Sicht«, in: H. G. Koenigsberger, *Republikaner und Republikanismus im Europa der frühen Neuzeit*, München 1988, S. 3 ff.

78 Ch. Meier, *40 Jahre nach Auschwitz*. München 1987.

79 Politik 1335 b6.

80 F. Tenbruck in *Kölner Zeitschrift für Soziologie* 27, 1975, S. 669 ff.

81 Spahn, »Die Anfänge der antiken Ökonomik«, in *Chiron* 14, 1984, S. 301 ff.

82 Müller, S. 4 ff.

83 Meier, wie Anm. 7, S. 279 ff. T. Hölscher, »Tradition und Geschichte. Zwei Typen der Vergangenheit am Beispiel der griechischen Kunst«, in: J. Assmann/ T. Hölscher (Hrsg.), *Kultur und Gedächtnis*, Frankfurt 1988, S. 115 ff.

84 Ch. Meier, *Res Publica Amissa*, 2. Auflage Frankfurt 1980, S. XXXII ff.

Die Entstehung einer autonomen Intelligenz bei den Griechen

1. Das Problem

Was immer die Entstehung einer autonomen griechischen Intelligenz begünstigt haben mag: wenn man nach greifbaren Voraussetzungen dafür fragt, gerät man am ehesten auf politische Umstände. Es muß ein Zusammenhang bestanden haben zwischen dem welthistorisch bedeutsamsten, auch innerhalb der »Achsenzeit« einzigartigen Ereignis der Herausbildung der griechischen Demokratie respektive ihrer Vorform, der Isonomie (denn die Demokratie war wohl nur infolge der Perserkriege möglich) und der Herausbildung der griechischen Intelligenz.[1] Mit einiger Wahrscheinlichkeit lassen sich jedenfalls historische Zusammenhänge zwischen Politik und Intelligenz in der archaischen Zeit ausmachen. Wir finden für die Herausbildung einer autonomen Intelligenz
- eine eigenartige Lagerung der Macht in und zwischen den archaischen Poleis als Bedingung der Möglichkeit;
- eigenartige Probleme des Zusammenlebens in den damaligen Poleis als Herausforderung und
- die mit der Zeit sich stabilisierende Form und eigenständige Position eines politischen Denkens, einer »Weisheit« und schließlich eines philosophischen, weit über die Probleme der Poleis hinauszielenden und doch zum Teil von ihnen bestimmten Denkens als Antwort.

Die »Weisen Männer« wurden mit der Zeit von so vielen verschiedenen Seiten um Rat angegangen, innenpolitisch gesprochen: von Tyrannen wie Oligarchen, sie sahen sich zugleich potentiell (nämlich in der Empörung) kräftigen Volksschichten gegenüber, und ihr Rat war so wichtig, daß ihre Intelligenz gleichsam zu einer Macht sui generis zwischen den Parteien wurde. Instanzen wie das delphische Orakel gaben ihr einen institutionellen Rückhalt. Was immer Einzelne von ihnen dachten und taten, insgesamt konnte sich die frühe griechische Intelligenz nicht dauerhaft mit Tyrannis oder Aristokratie identifizieren, auch nicht mit einem vermuteten Sinn von Geschichte oder Fortschritt (denn der war noch nicht entdeckt) oder mit dem breiten Volk, das sie zwar berücksichtigen, für das sie sich einsetzen mochten (damit es sich nicht empöre), dessen künftige Macht sie aber kaum denken konnten; eben mangels einer neuzeitlichen Geschichtsphilosophie. Als schließlich die Demokratie entstand, begegnete sie nach einer Übergangsperiode rasch der Skepsis der Intelligenz, deren Suche nach besseren Lösungen dann ins Utopische zielte, welches damals – mangels Geschichtsphilosophie – zur politischen Zielsetzung größerer Bevölkerungsteile nicht taugen konnte.

Denn aus vielerlei Gründen konnte Veränderung in der Polis nur dort und insoweit als politisches Programm dienen, als es darum ging, unterprivilegierte Schichten innerhalb der Bürgerschaft an die Macht zu bringen. Mit der Schaffung der Demokratie waren die Möglichkeiten dazu durchgespielt. So konnten sich philosophische Entwürfe seit dem 4. Jahrhundert v. Chr. nurmehr auf eine gedachte Neugründung von Städten beziehen.

In der archaischen Zeit entstanden offenbar Erwartungen und Comments, die im ganzen eine Autonomie des Denkens begründeten, welche sich hinwiederum in dessen Ergebnissen bestätigte. Die Ordnung, die etwa Solon von Athen konzipierte, die auf keine einzelne Macht ausgerichtet war, für die keine einzelne Macht aufzukommen hatte, die nur im rechten Verhältnis zwischen den Mächten bestand – diese Ordnung entsprach recht genau der Position des Denkens, das insgesamt auf keine einzelne Macht verpflichtet war. Dessen Angehörige mochten zwar im Fall der Krise als Wieder-ins-Lot-Bringer berufen werden, aber nur, damit sie die Autonomie der Ordnung, deren Funktionieren aus sich heraus wiederherstellten.

Der Versuch einer Rekonstruktion der historischen Zusammenhänge dieses Denkens findet sich vor großen Schwierigkeiten. Unsere Quellen fließen außerordentlich spärlich. Sie geben direkt keine Auskunft über den Prozeß der Herausbildung der griechischen Intelligenz. Immerhin bieten sie verschiedene Anhaltspunkte, aus denen man auf diesen Prozeß schließen kann. Und zusätzlich ergibt sich Einiges mit Hilfe der Methode des Rückschlusses. Theodor Mommsen nennt dies das »Erkennen des Gewesenen aus dem Gewordenen mittels der Einsicht in die Gesetze des Werdens«.[2] Ich scheue mich zwar, hier von »Gesetzen« zu sprechen. Aber daß man von historischen Erscheinungen in aller Vorsicht auf gewisse Voraussetzungen schließen darf, sollte konzediert werden. Freilich muß das Verfahren dabei transparent sein.

Sachlich stellt sich vor allem ein Problem, mit dem man auch für quellenreichere Epochen zu tun hat: die Frage nämlich, wieweit wir wirklich berechtigt sind, Zusammenhänge zwischen intellektuellen Prozessen und andern Faktoren innerhalb der Gesellschaft, in die sie gehören, herzustellen. Wenn bestimmte Formen des Denkens und eine bestimmte Gesellschaftsstruktur gleichzeitig einmal und nie wieder auftreten und zusätzlich gewisse Homologien oder Analogien aufweisen, so mag ein Zusammenhang zu vermuten sein. Besser wäre es freilich, wenn man unter andern Umständen ebenfalls, wenn auch auf ganz andere Weise, solche Homologien oder Analogien beobachten könnte. Durch solche Feststellungen gewännen die zu vermutenden Beziehungen zwischen Denken und gesellschaftlicher Struktur jedenfalls an Signifikanz – trotz aller Fragen, die dann immer noch offen bleiben. Die Dinge lägen jedenfalls günstiger, wenn wir ein allgemeines, aus der Betrachtung verschiedener Gesellschaften gewonnenes Wissen über die Möglichkeiten und Wahrscheinlichkeiten solcher Zusammenhänge besäßen, was wir nicht tun. Und wir können es wohl auch nur erreichen, wenn wir in größerem Rahmen – und vor allem: nicht nebeneinander, sondern direkt aufeinander bezogen, also im Dialog – vergleichende Betrachtungen anstellten.

Für den Zusammenhang zwischen Demokratie und Philosophie – oder autonomer Intelligenz – spräche eine sehr starke Vermutung, wenn beides nur zusammen, d. h. nur bei den Griechen aufgekommen wäre. Aber die verschiedenen Achsenzeit-Kulturen zeichnen sich ja gerade dadurch aus, daß sich in ihnen allen eine autonome Intelligenz bildet, und speziell in China und Indien finden wir unabhängig von den Griechen eine Philosophie; die chinesische ähnelt der griechischen auch in manchem, sie ist nicht ganz einfach von ihr abzusetzen. Um so interessanter wäre der Vergleich zwischen der einen und der anderen Intelligenz und ihrer Philosophie sowie zwischen den Beziehungen von Intelligenz und Philosophie zur gesellschaftlichen Struktur hier und dort. Ein solcher Vergleich kann hier nicht unternommen, kann auch wohl von einem Einzelnen kaum zureichend angestellt werden.[3] Ich muß mich hier also auf die Griechen beschränken.

Im Rahmen dieser Abhandlung mag es genügen, drei Feststellungen zu treffen, die wohl mindestens richtig sind: was auch immer in China gedacht wurde, es fehlt der Gedanke der Verantwortung der Bürger für das Gemeinwesen; es fehlt die Vorstellung einer Ordnung ohne Monarchen, allgemein gesagt: ohne eine dauerhaft besetzte oberste irdische Instanz als Ausgangspunkt und Zentrum politischer Aktivität und der gesamten gesellschaftlichen Ordnung; schließlich fehlt wohl auch die Kombination zwischen weitgehender vor- oder früh»bürgerlicher«[4] Eigenständigkeit und Solidarität als Voraussetzung gemeinsamen politischen Wirkens breiterer Kreise und Schichten. Eben damit sind der Weg zur Philosophie und die Philosophie, die dann bei den Griechen entsteht, von denen der Chinesen deutlich zu unterscheiden. Besonders interessant wäre die Frage, ob auch der Gedanke an eine Weltordnung oder -gesetzlichkeit, die größer ist als jede einzelne Macht, alles umgreift, von keinem göttlichen Subjekt beherrscht und von keiner weltlichen Macht repräsentiert wird, bei den Chinesen fehlt. Denn davon hängt es ab, ob eine für die Griechen anscheinend ganz zentrale Homologie zwischen politischer Ordnung und Philosophie[5] nur bei ihnen (nur auf dem Wege in Richtung Demokratie) möglich ist oder nicht. Aber es fehlen mir im Moment die Mittel, das zu entscheiden.

Die Frage nach der Herausbildung einer autonomen Intelligenz bei den Griechen ist bisher, so scheint mir, noch nicht befriedigend behandelt worden. Es läßt sich das hier, in einem kurzen Aufsatz, auch nicht nachholen. Aber ich glaube, daß man in Kürze einige Feststellungen treffen kann, die zeigen, in welcher Richtung etwa die Lösung zu suchen ist. Übrigens gilt das gleiche für die Entstehung der Demokratie. Auch die hat der Forschung bisher wenig Sorgen bereitet.[6] Auch für sie sind noch zahlreiche Erkenntnismöglichkeiten ungenutzt.

Weithin leidet die Forschung zur Vorgeschichte von Demokratie und autonomer Intelligenz bei den Griechen daran, daß man diesen traditionell von vornherein so viel Außerordentliches zuspricht, daß es scheinbar nicht sehr zu denken gibt, wenn sie es dann wirklich zustande bringen.

Es sieht vielfach – wenn auch beileibe nicht überall – so aus, wie wenn den Griechen gar nichts anderes hätte passieren können, als Demokratie und Philosophie hervorzubringen.

Diese Auffassung läuft unter dem Verdikt des Klassizismus. Sie ist aber auch den Gegnern des Klassizismus nicht fremd. Denn auch für sie scheinen sich aus der Geschichte der Altertumswissenschaft hier einige Erkenntnis-Hemmnisse zu ergeben. Ich beschränke mich in diesem Zusammenhang auf drei jüngere Arbeiten zum Thema dieses Aufsatzes.

Sally Humphreys behandelt unter der Überschrift: »›Transcendence‹ and Intellectual Roles: The Ancient Greek Case«[7] die Ausbildung einzelner intellektueller Rollen, Wandlungen im Status von Intellektuellen, in ihrem Verhältnis zum Publikum und in ihrer Verbindung untereinander. Die Beobachtungen, die sie vorträgt, sind interessant, aber die Beziehung zwischen diesen Rollen und dem Denken, das damals entsteht, bleibt recht vage. Im Grunde folgt Sally Humphreys nur unter verschiedenen Gesichtspunkten der Reihe unserer Zeugnisse. Sie versäumt es, diese in ihre weiteren Zusammenhänge zu stellen und allgemeinere Schlüsse zu ziehen, wie sie aus der Vielfalt des Bekannten möglich sind. Sie arbeitet auch die Besonderheit der Griechen nicht heraus. Denn intellektuelle Spezialisten gibt es auch sonst, sie können auch relativ unabhängig von einzelnen Herren (oder Häusern) sein – und doch an die gesellschaftliche Ordnung im ganzen gebunden bleiben. Bei den Griechen aber handelt es sich darum, daß eine ganze Schicht von Intellektuellen zunehmend unabhängig vom gesellschaftlichen Kontext wurde und – wie bewußt nun auch – auf dessen Überwindung hinarbeitete, wobei sich dies direkt und indirekt auf den verschiedensten Feldern vollzog (und zugleich für den Rückzug aus der Politik Möglichkeiten offen ließ). Diese Unabhängigkeit gewannen die griechischen Intellektuellen, wie man wahrscheinlich machen kann, im Rahmen einer geistigen Bewegung, die weit über die einzelnen Rollen hinausging und ihnen erst ihre Virulenz verlieh. Sie ist mit den Kategorien moderner Soziologie kaum hinlänglich zu fassen, jedenfalls nicht mit denen, die Sally Humphreys verwendet.

Jean-Pierre Vernant[8] behandelt die Materie sehr viel umfassender. Aber er macht in eigentümlicher Weise das Rätsel zur Lösung. Genauer: er zieht einige Ergebnisse des Prozesses, um dessen Verständnis es geht, heraus und setzt sie an dessen Anfang: so gehören die Diskussion auf dem Markt, die Öffentlichkeit, die Rhetorik, das Bewußtsein einer gewissen Ähnlichkeit, wenn schon nicht Gleichheit der Bürger für Vernant schlechthin zur Polis und er schildert sie, bevor er die Krise der archaischen Zeit anfangen läßt. Doch spricht vieles dafür, daß diese Dinge der Krise vielleicht nicht ihre Existenz, aber ihre Bewahrung und Befestigung, ihre Rolle im gesellschaftlichen Kontext verdanken. Vernant zieht auch einige der späteren Begriffe vor, um frühe Erscheinungen mit ihnen zu charakterisieren. Wenn aber all dies schon am Anfang da war, ist die Herausbildung von Intelligenz und Demokratie nicht mehr verwunderlich. Vernant bringt folglich auch wenig bei, was zu ihrer Erklärung dienen könnte. Für ihn erwächst die Demokratie direkt aus jener

Gesellschaft, um dann die besondere Weise griechischen Denkens hervorzubringen. In einer kühnen Operation wird schließlich sogar Anaximanders Philosophie auf die »auf Gleichheit gründende Ordnung« der Zeit des Kleisthenes zurückgeführt, obwohl sie dieser nach der auch von Vernant nicht bestrittenen bisherigen Datierung um etwa eine Generation vorauflag.[9]

Auf diese Weise kann das Programm Louis Gernets, dem Vernant sich verpflichtet fühlt, nämlich die Griechen »ohne Wunder« zu betrachten[10], gewiß nicht verwirklicht werden. Hier wird vielmehr der Klassizismus nur umgedreht: indem die Ursachen der Philosophie im Politischen gesucht werden, scheint die Betrachtung realistischer zu sein. Aber die alte Annahme, daß die Griechen von vornherein ganz anders als alle andern waren und daß ihnen kaum etwas anderes unterlaufen konnte, als Demokratie und Philosophie hervorzubringen, wird weiter aufrechterhalten, das Wunder wird im Grunde noch größer. Jedenfalls wird es als solches einfach hingenommen. Ähnlich wie Vernant führt G. E. R. Lloyd[11] die Herausbildung der griechischen Philosophie und Wissenschaft auf die politischen Verhältnisse, die demokratische und prädemokratische Verfassung zurück.

Man darf aber, meine ich, die Demokratie, man darf die Eigenart der Griechen nicht allzu selbstverständlich – und damit als nicht weiter erklärungsbedürftig – nehmen, um dann von dort alles weitere abzuleiten. Die Weise, in der Vernant und Lloyd die Frage nach der Entstehung des griechischen Denkens beantworten, mutet im übrigen, grob gesagt, an wie eine Neuauflage des Problems der Priorität von Henne oder Ei. Wie aber in der Evolutionstheorie längst klar ist, daß am Anfang des Prozesses weder Henne noch Ei standen, sondern etwas Drittes, aus dem Henne wie Ei hervorgingen, so sollte man nicht verkennen, daß das Denken der Griechen nicht einfach das Produkt der Umstände ist, die in Richtung auf die Demokratie führten, sondern diese Umstände seinerseits stark beeinflußt hat.

Die Herausbildung der griechischen Intelligenz ist aller Wahrscheinlichkeit nach ebensosehr durch deren Funktion innerhalb des Polisbildungsprozesses bestimmt, wie dieser Prozeß eine Sache der Intelligenz war. Die Isonomie war wesentlich ein Kind der Philosophie, genauer: des Politischen Denkens. Der politische und der intellektuelle Prozeß waren aufs engste miteinander verquickt. Wenn man die Entstehung der autonomen Intelligenz bei den Griechen verstehen will, so hat man primär historisch zu fragen.

Mir scheint sogar, daß man in diesem Zusammenhang nur wenig versteht, wenn man die griechische Geschichte nicht gegen den Strich liest; wenn man nicht das, was sie hervorbrachte, als ganz und gar nicht selbstverständlich, sondern im Gegenteil als höchst erklärungsbedürftig ansetzt.

Wie kam es zur Demokratie? Wie kam ein Volk dazu, zum ersten Mal in der Weltgeschichte für sich selbst die entscheidende Macht im Gemeinwesen zu reklamieren? Ein Usurpator kennt die Position, die er anstrebt. Sie ist schon vorhanden. Er muß nur die Mittel suchen, um sie zu gewinnen. Das Volk dagegen kennt sie nicht: es kann nicht einfach darauf kommen, daß es den Adel in der Herrschaft ablösen will. Seine »Herrschaft« ist etwas grundsätzlich anderes als die des Adels. Als sie entsteht, wechseln sich nicht Personen aus einem relativ homogenen Stand in politischen Positionen ab, sondern eine Schicht, deren Angehörige zunächst kaum Ämter bekleiden können, gewinnt entscheidenden Einfluß auf die Regierung und insofern: Herrschaft. Das kann sie nur, indem sie die Positionen schafft oder wesentlich ausbaut, von denen aus sie überhaupt erst »herrschen« kann.[12]

Woher aber hatten die breiten Schichten in Griechenland die Kenntnisse, die Ansprüche, die Institutionen, die dazu notwendig waren? Woher wußte man überhaupt, daß so etwas wie Demokratie möglich war? Denn die Griechen hatten ja keine Griechen vor sich, um es von ihnen zu lernen. Wie kam es, daß die Angehörigen breiterer Schichten zu jenem starken, zeitraubenden Engagement bereit wurden, ohne das antike Demokratien nicht denkbar waren? Denn die ersten Demokratien der Weltgeschichte mußten offensichtlich als direkte Demokratien entstehen[13], ja sie waren mit dem Aufkommen einer starken, konkurrenzlosen Bürger-Identität, also mit einem tiefen Identitätswandel verknüpft.[14] Sie waren dies schon in ihrem weit verbreiteten Vorläufer, der Isonomie, vor allem dann in der athenischen Demokratie.

Brauchte diese Verfassung also nicht mindestens verschiedene intellektuelle Antizipationen, wenn auch nicht geradezu die Idee der Demokratie vor ihrer Entstehung dagewesen sein muß? Erforderte sie nicht bestimmte Abstraktionen von der vorgegebenen, konkreten Wirklichkeit? Ein Denken, das etwa am Ende dazu führte, daß man sogar von der konkreten Bindung der Herrschaftsvorstellung an die, die die Herrschaft ausübten, absehen konnte?

Jedenfalls mußten offensichtlich Intellektuelle die Interessen des Volkes bedenken, ja sie sich in gewissem Maße geradezu zu eigen machen, wenn es zu starker Aktivität und anspruchsvoller Mitsprache im Gemeinwesen kommen sollte. Folglich gehörten bestimmte Positionen, also Ausgangspunkte des Denkens und damit zugleich eine bestimmte Art des Denkens zur Vorgeschichte der Demokratie. Es muß eine längere Phase politischen Denkens vor der Demokratie gegeben haben, in der, in welchem Bewußtsein und mit welcher Absicht auch immer, auf die Demokratie hingearbeitet worden ist. Ein solches politisches Denken aber kann nicht ohne Auswirkungen auf das Denken auf andern Gebieten, auf die Philosophie geblieben sein. Vermutlich brauchte es sogar zur eigenen Bestärkung und weiteren Wirkung die Absicherung in Analogien und Erkenntnissen auf andern Gebieten.

H. D. E. Kitto hat einmal von einer »passion for asking useless questions«[15] gesprochen, die den Griechen eigen gewesen sei. Allein, was uns daran als akademisch erscheint, ist wahrscheinlich alles andere als das. Ein Volk, das – wie auch immer – dazu kommt, seinen Weg in die Kultur ohne Monarchie zu machen, hat, sobald es in die starke Bewegung eines nennenswerten Veränderungs- und Differenzierungsprozesses gerät, einen doppelten Mangel an Institutionen: es fehlt ihm dann nicht nur an vorgegebenen Selbstverständlichkeiten, sondern auch an einer Instanz, die die Macht und das Motiv gehabt hätte, neue Institutionen zu schaffen und zu garantieren. Weder aus der Vergangenheit noch von einer Monarchie (samt damit verbundenen religiösen Instanzen) konnte geliefert und/oder erwartet werden, was hier fehlte. Wenn Arnold Gehlen festgestellt hat, der Mensch brauche, weil er an Instinkten arm sei, Institutionen[16], so brauchten die Griechen der archaischen Zeit vermutlich, weil sie an Institutionen arm waren, das Denken. Genauer gesagt: sie brauchten in besonders hohem Maße ein Denken, das auf das Ganze gerichtet war, weil sie auf keine Instanz, sondern nur aufeinander bauen konnten, also auf ein Ganzes, das sie miteinander bildeten und das vermutlich besonderer gedanklicher Vermittlungen bedurfte.

Aus diesem Denken mußten dann am Ende wieder Institutionen – zuletzt ein ganzes Gerüst (wie es etwa eine Verfassung oder eine Rechtsordnung bildet) – hervorgehen. Aber weil es sekundäre, das heißt beratene und beschlossene Institutionen sein mußten und weil diese nicht von oben, sondern aus der Mitte der Gesellschaft zu schaffen waren, brauchte es dazu eine starke, sehr besondere intellektuelle Vorarbeit in engen und zugleich in weiten Kreisen. Und eben diese Vorarbeit setzte vermutlich umfassende, weit über das Politische hinausreichende intellektuelle Konzeptionen voraus. Insofern waren »akademische Fragen« für die Griechen lebensnotwendig.

2. Die Ausgangslage

Die griechische Frühzeit, nach der radikalen Zerstörung der mykenischen Kultur, liegt für uns im Dunkeln. Und unsere ältesten erhaltenen literarischen Quellen sind erstaunlicherweise gleich zwei der größten Werke der Weltliteratur, die homerischen Epen. Sie stammen selbst bei später Datierung (Ende 8. Jahrhundert) aus einer Zeit, da die große Bewegung, aus der die griechische Kultur schließlich hervorging, erst etwa ein bis zwei Generationen lang in vollem Gange war. Sehr vieles an ihnen beruht auf alter Tradition. Wieviel auf das Konto des oder der letzten Bearbeiter geht, ist umstritten.

Auch hier ergibt sich eine wissenschaftliche Situation wie bei der Philosophie: jeder sieht, daß die homerischen Epen innerhalb ihrer Gattung etwas ganz Einzigartiges darstellen, nach ihrem Stoff, vor allem nach dessen Gestaltung und nach den Weisen des Denkens, der Rationalität, die sich darin äußern. Es ist aber noch kein gründlicher Vergleich angestellt worden, durch den deutlich würde, was nun genau bei Homer – und damit indirekt bei den Griechen seiner Zeit – als besonders zu gelten hat und was nicht. Denn die Einzigartigkeit einer Erscheinung geht ja nicht schon aus ihrer, und sei es noch so feinen, immanenten Betrachtung hervor.

Äußert sich in der großen Redaktion der Epen durch den oder die Dichter der Ilias und der Odyssee vielleicht der gleiche Geist ausgreifend planenden »Unternehmertums« wie in der gleichzeitigen ersten Reihe griechischer Kolonie-Gründungen? Die gleiche Erfahrung plötzlich sich auftuender außerordentlicher Möglichkeiten, plötzlicher Durchbrechung alter, enger Horizonte, einer grandiosen Befreiung zum Handeln und zum Stiften großer, den Einzelnen weit überdauernder Werke?[17] Dabei ist es von Interesse, daß damals die kurz vorher von den Phöniziern entwickelte Schrift von den Griechen übernommen und ihrer Sprache adaptiert – und dann sogleich dazu gebraucht wurde, die großen Epen zu fixieren. Übrigens beobachtet man in der weiteren Literaturgeschichte eine verglichen zu anderen Kulturen vermutlich relativ schnelle Abfolge immer neuer Veränderungen – was doch wohl dafür spricht, daß auch am Epos in den ersten Jahrzehnten der Kolonisation vergleichsweise viel geschehen sein kann; zumal angesichts der raschen Bewegung jener Zeit.

Neben diesen und vielen anderen Fragen, die sich in Hinsicht auf die homerische Dichtung stellen, ergeben sich diejenigen nach der Eigenart der Griechen am Ende ihres »dunklen Zeitalters«, in dem Moment also, als sie in den Prozeß ihrer Kulturbildung gerieten. Hier stehen wir vor allem vor dem Problem, wie weit sie damals besonders ausgeprägt und wie weit sie im Gegenteil besonders wenig geprägt, also offen waren. Grob formuliert: waren sie – bei allen möglichen Unterschieden, für welche verschiedene Züge des Homer und eventuell der griechischen Kunst sprechen könnten – wirklich so viel anders dran als viele andere anfängliche Völker, bevor sie sich in die Zucht höherer Zivilisation nahmen? Liegt das Spezifische ihrer Geschichte vielleicht primär darin begründet, daß zahlreiche urtümliche, anfängliche Züge, die andere im Prozeß ihrer Soziogenese aufgeben mußten, bei ihnen bewahrt und in ihre Kultur mit hineingenommen wurden?

Betrachtet man z.B. die Volksversammlung, die bei den Griechen am Ende zum zentralen Verfassungsorgan der Demokratie wird, so sieht man, daß auch in Mesopotamien, Indien, bei den Azteken und anderswo frühe Volksversammlungen bezeugt oder zu erschließen sind. Sie sind dort jedoch mit der Zeit bedeutungslos geworden und verschwunden. War nun bei den Griechen die Volksversammlung (oder die Macht und der Wille derer, deren wichtigstes Organ sie war oder wurde) von vornherein besonders stark ausgebildet gewesen? Oder ergab sich deren Beibehaltung oder Stärkung vielmehr erst aufgrund ihrer Geschichte? Ist wirklich ihre frühe Existenz (und eventuell Macht) und nicht eher ihre Nicht-Entmachtung während der Soziogenese für sie charakteristisch? Oder darf man solche Alternativen für die Griechen gar nicht in Erwägung ziehen? Ähnliche Fragen stellen sich im Hinblick auf die eigenartige Ungebundenheit, die bemerkenswerte Eigenständigkeit (Autarkie) der griechischen Adligen[18], wie sie im Homer erscheint, sich dann auch in der weiteren Geschichte immer wieder zeigt, schließlich in einem philosophischen Ideal niederschlägt. Könnte sie einfach kennzeichnend sein für ein frühes, wenig zivilisiertes Volk? Ist vielleicht auch sie in ähnlichen, anfänglichen Situationen anderer Völker öfter vorgekommen? Oder setzt sie zugleich eine gewisse Beweglichkeit voraus, die mit den zahlreichen Wanderungen der Griechen gegen Ende des 2. Jahrtausends v. Chr. bedingt/bedingend verbunden war? Kann es sein, daß das Erstaunliche, Einzigartige bei den Griechen nur darin bestand, daß sie diesen frühen Zug im Prozeß ihrer Kulturbildung konservieren (und fruchtbar machen) konnten?

Jedenfalls bestand überall sonst die Kulturbildung in ihren ersten Phasen im Aufbau von Monarchien, in der Monopolisierung von Macht. Monarchen, Beamte und Priester bildeten sonst auch weiterhin das Zentrum aller Aktivität, sie haben die Eigenständigkeit der Angehörigen ihrer Reiche gebrochen. Von ihnen aus wurde das Leben, Denken und Glauben so sehr geprägt, daß man sich die eigene Gesellschaft ohne diese Instanzen gar nicht mehr vorstellen konnte. Monarch, Priesterschaft und Bürokratie bildeten dann gleichsam den Schlußstein eines Gewölbes, ohne den das Ganze nicht mehr sein konnte, auf den alles Einzelne ausgerichtet, in dem es aufgehoben war. Das gilt auch für China, wo die Philosophen sich politische Wirkungen nur über den Kaiser oder die hohen Beamten erwarten konnten. Als gewisse Ausnahme von dieser Regel ist mir nur Israel bekannt (für das wir übrigens in 1. Samuel 8, 10 ff. eine höchst anschauliche, distanzierte Schilderung dessen haben, was die Einrichtung einer Monarchie bedeutet).

Bei den Griechen jedoch blieb es dabei, daß sie in keiner Weise »mediatisiert« wurden zu Teilen eines Ganzen, das sie nicht selbst relativ konkret, unmittelbar und in überschaubarem Kreis ausgemacht hätten. Kennzeichnend dafür war, daß sie – außer unter den Tyrannen und in besonders armen Gemeinwesen – keine Steuern zu zahlen hatten. Und sie kamen jedenfalls für die Verwaltung und die militärischen Aufgaben des Gemeinwesens in der Regel selber auf. Dabei wirkten mit der Zeit zunehmend auch die Bauern mit. So direkt waren die Zugehörigen das Gemeinwesen selbst.

Sie tendierten offenbar dazu, möglichst frei und ungebunden zu sein, bei einer gewissen Rücksichtnahme auf diejenigen, mit denen sie zusammenlebten, und ohne jede Abhängigkeit von höheren Instanzen, sei dies nun ein Monarch, dem sie sich hätten unterwerfen müssen, oder die disziplinierende, beschneidende Kraft einer herrschenden Oligarchie römischen Typus', der sie sich unter Verzicht auf viele Freiheiten, in starker Ausrichtung auf die politischen und militärischen Pflichten des Standes hätten einfügen müssen. Und dieses Streben nach weitgehender Autarkie hatte letzten Endes Erfolg. Es bestimmte auch die Bauern, kam nach der großen Krise in deren politischer Identität wieder durch.

Wohl hatten die Tyrannen stets einige Freunde, wohl fand man sich, sofern kein Tyrann herrschte, in den führenden Organen der Stadt zusammen. Aber die daraus resultierende Bereitschaft, sich größeren politischen Zusammenhängen »hinzugeben«, darin »aufzugehen«, scheint doch sehr begrenzt gewesen zu sein.

Es erschließt sich hier ein eigenartiger Zusammenhang: der Eigenständigkeit der griechischen Adligen korrespondierte diejenige ihrer Städte.

Eines konnte nicht ohne das andere sein. Wenn die Einzelnen bereit gewesen wären, sich innerhalb größerer Zusammenhänge »aufheben« zu lassen, hätten sie kaum der Entstehung größerer Machtkomplexe widerstehen können. Und wenn größere Machtkomplexe entstanden wären, hätten die Einzelnen kaum ihre Eigenständigkeit so weitgehend bewahren können.

Indem sie sich dann aber – um mit Karl Marx zu sprechen – nur »aufeinander beziehen«[19], die gemeinsame Sache aufeinander – statt auf höhere Instanzen – stellen konnten, bedeutete das, daß der Eigenständigkeit die Fähigkeit zu gemeinsamem solidarischem Handeln entsprechen mußte. Sie war lange Zeit nicht sonderlich groß oder genauer: zu sehr durch Gegensätze gestört, so daß es zu tiefen Parteiungen, ja Bürgerkriegen kam. Sie gewann wohl auch vielfach erst in breiteren Bürgerkreisen eine nennenswerte Intensität. Aber sie war gleichwohl vorhanden. Und da es sehr viel schwieriger ist, aufeinander, statt auf eine höhere Instanz zu bauen, war sie allemal ein beachtliches Vermögen.

Wenn die Adligen aber ihre Städte möglichst von sich aus, möglichst unvermittelt regieren, wenn sie keine Steuern zahlen wollten, mußte es weithin besondere Antriebe zu freiwilliger Leistung für das Gemeinwesen geben. Wir finden sie zumal in den Leiturgien, im Wetteifer um die Stiftung und Ausstattung etwa von Bauten, Festen, Opfern. Möglich, daß das die besondere griechische Variante der »ostentativen Verschwendung« war. Es hätte sich dann vermutlich auch ein Zusammenhang zwischen Eigenständigkeit und einem besonderen Modus eben dieser Verschwendung herausgebildet.

Zudem hatte das Leben in den beengten kleinen Städten die Bildung einer übergreifenden gesamtgriechischen Öffentlichkeit zum Komplement, vor der die Adligen dann agierten, glänzten und eine Geltung erlangten, die zugleich in die Heimatstädte zurückwirkte. Dabei galten weitgehend »gesellschaftliche« Ideale, etwa das des Reichtums, prächtiger Hochzeiten, sportlicher Leistungen. Vermutlich ist deren Geltung wiederum bedingt/bedingend mit der Eigenständigkeit der Adligen verquickt, insofern sie ihnen große Spielräume eröffnete – und zugleich die Möglichkeit, sich den Forderungen der eigenen Stadt, den Forderungen auch von Politik zu entziehen, sich also nicht so strikt einfügen zu müssen.

Wahrscheinlich ergab sich hier ein besonderer Zusammenhang, nicht nur zwischen Eigenständigkeit, Kleinheit der Poleis und gesamtgriechischer Öffentlichkeit, sondern auch mit einer eigentümlichen Bindungsschwäche, dem geringen Zusammenhalt in Adelsgeschlechtern, einer nur rudimentären Ausbildung von Klientelbindungen, einer geringen Rolle der Freundschaft, mit einem eigenartig neutralen Verhältnis zum Raum, mit der großen Rolle sportlicher Wettkämpfe (die der Vereinzelung der Adligen besser entsprach als der Krieg, jedenfalls als Eroberungen, die nur gemeinsam hätten behauptet werden können), auch mit der Schätzung der Jugend im Unterschied zum Alter. Daß diese Faktoren zusammenhängen, bestätigt sich dadurch, daß es um sie – und ihren Zusammenhang – offenbar in Rom genau umgekehrt bestellt war.[20] Eine etwas andere Variante – ohne starke Geschlechts- und Klientelbindungen, dafür mit stärkster Solidarität unter den Vollbürgern schon in früher Zeit, im übrigen ebenfalls ein charakteristisches Gegenbild – begegnet in Sparta.[21] Sparta zeigt zugleich, wie wenig viele der Züge, die gern als eigentümlich griechisch angesehen werden, wirklich notwendige Konstanten bildeten. Es ist daher keineswegs gesagt, daß sie jedem Angriff hätten trotzen, also einer starken Monarchie und deren prägender Kraft wirklich hätten standhalten können. Ähnliches könnte übrigens auch Syrakus lehren.

Die genannten – und andere[22] – Eigentümlichkeiten der Griechen müssen mithin keineswegs Produkt einer besonderen, frühen Eigenart sein. Und jedenfalls spricht sehr vieles dafür, daß sie nur bewahrt, ausgebaut und befestigt werden konnten, da den Griechen die starke prägende Kraft einer Monarchie erspart blieb. Dies aber ist mindestens zum guten Teil dadurch bedingt gewesen, daß die Möglichkeiten zum Aufbau von Monarchien relativ gering waren. Die überkommenen Königtümer waren zu Anfang des 8. Jahrhunderts schwach, und die starke, ausgreifende Aktivität seit etwa 750 v. Chr. konnte bemerkenswerterweise von relativ breiten Kreisen der griechischen Gesellschaft ausgehen. Diese Kreise vermochten es, sich früh und energisch auf Seefahrt, Seeraub, Handel und Kolonisation zu verlegen und dabei so große Gewinne an Mitteln, Selbstbewußtsein und Macht zu erzielen, daß es offenbar schwer wurde, sie dauerhaft einer Monarchie zu unterwerfen.

Dabei hat es gewiß etwas ausgemacht, daß die Ägäis in der archaischen Zeit ein weltpolitisches Vakuum darstellte, für das sich keine größere Macht interessierte. So entfiel der Ansporn dazu, sei es unter der Einwirkung einer äußeren Macht (wie des Minoischen Kreta in der Mitte des zweiten Jahrtausends), sei es zur Abwehr solcher Mächte dauerhaft größere politische Einheiten zu bilden. Die geographische Beschaffenheit des Ägäis-Raums hätte das grundsätzlich nicht ausgeschlossen, denn alle Wahrscheinlichkeit spricht dafür, daß es in mykenischer Zeit größere Reiche im gleichen Raum gegeben hat. Andererseits konnten die Griechen über See in enge Berührung mit den vorderasiatischen Hochkulturen kommen, so daß sich eine eigenartige Kombination zwischen Berührung und Unberührbarkeit ergab: Anregungen, Kenntnisse, Vorbilder in der Lebenshaltung sowie zahlreiche Güter konnten die Griechen erreichen[23], ohne daß sie politisch in den Bannkreis der östlichen Reiche geraten wären. Ebendies scheint ihre Aktivität, scheint auch einen gewissen Differenzierungsprozeß angetrieben zu haben.

Zu dieser Konstellation kam hinzu, daß sich an den Küsten verschiedener anderer Teile des Mittelmeers sowie des Schwarzen Meers in großem Maße Gelegenheit zur Kolonisation bot. Damit war es möglich, zahlreiche Probleme zu exportieren, die unter andern Umständen ihrerseits zu größeren Machtbildungen und zur Eroberung hätten führen können oder gar müssen. Griechenland vermochte seinen damals rasch wachsenden Bevölkerungsüberschuß[24] in großem Stil zu verpflanzen. Wichtig war auch, daß nicht geographische und klimatische Gründe für größere gemeinsame Organisationsleistungen sprachen.

Ob es notwendig so war, daß diese Bewegung zu einem Zeitpunkt anhob, da die Monarchien schwach waren, und daß sie es kaum vermochten, an den Reichtums- und Prestigegewinnen in dieser Bewegung führenden Anteil zu gewinnen, wissen wir nicht. Möglicherweise massierte sich hier eine Reihe von Zufällen in einer bestimmten Richtung. Nachdem dies aber einmal geschehen war, trugen die Kolonisation und alle mit ihr zusammenhängenden Veränderungen erheblich zu einer Stärkung der Adligen bei, welche als »Unternehmer« die Initiative bei den Kolonie-Gründungen hatten und auch sonst vielfach aus den neuen Verhältnissen Vorteile zogen.

Die Kontingenz dieser Situation muß sich in irgendeiner Weise mit den für uns unbekannten Eigenschaften, die die Griechen zu Beginn dieser Epoche auszeichneten, kombiniert haben, um die Ausgangslage für die ältere Geschichte zu bestimmen.

Die homerischen Epen haben wichtige Züge dieser Zeit bewahrt, und es mag eine große Rolle gespielt haben, daß sie auf dieser Stufe festgeschrieben wurden, auf einer Stufe, auf der die Könige wenig institutionelle Macht hatten[25], auf der die Öffentlichkeit, in der sie handelten, kaum festgefügt, im Gegenteil weitgehend abhängig von persönlichen Konstellationen war, auf der sich Könige wie Großbauern aufzuführen und auseinanderzusetzen pflegten. Wäre die Schrift nicht dagewesen und hätte der Antrieb gefehlt, die Epen in diesem Moment zu fixieren, hätten sie sich vielleicht anderen Verhältnissen angepaßt. In dieser Fixierung aber konnten sie als Vorbilder für die relativ freie, selbständige, ungebundene Art des Adels dienen.

Alle diese Fragen betreffen aber nur Einzelheiten, Bedingungen von Möglichkeiten. Das entscheidende Problem bleibt, ob die Eigenart der Griechen nicht wesentlich dadurch bestimmt war, daß es ihnen gelang, ihre Kultur statt von Monarchien aus gleichsam aus der Mitte der Gesellschaft heraus zu bilden. Und dies wiederum muß, um es zu wiederholen, keineswegs eine Funktion ihrer frühen Eigenart gewesen sein. Es kann sich weitgehend aus den Umständen des Kulturbildungsprozesses ergeben haben. Die weitere Geschichte dann läßt sich in etwa rekonstruieren.

3. Die Krise der archaischen Zeit

Aufgrund der außerordentlichen Veränderungen, die sich seit dem achten Jahrhundert in Griechenland vollzogen, kam es mit der Zeit zu einer schweren Krise. Verschiedene Stränge des dorthin führenden Prozesses lassen sich in Umrissen erkennen. Es fand zunächst eine nachhaltige Differenzierung innerhalb des Adels statt, mit einschneidenden Folgen für zahlreiche Beteiligte. Denn wie die Möglichkeiten, verschiedenste Gewinne zu erzielen, stark anstiegen, so taten es die Risiken. Wo sich die Vorteile häuften, gewannen einige Familien sehr stark an Macht, Reichtum und Ehrgeiz. Umgekehrt konnte es leicht vorkommen, daß andere Familien sehr vieles verloren und infolge davon abstiegen, und dies wiederum mochte zu manchen verzweifelten Reaktionen führen.

Mit den vielfach gestiegenen Ansprüchen (für die die Lebenshaltung hoher Familien in den östlichen Reichen Vorbild gewesen sein mag) tat sich eine Schere auf zwischen Ansprüchen und Möglichkeiten. Dies wiederum führte einerseits zu erhöhter Aktivität, andererseits auf die Dauer zu einer weit getriebenen Ausbeutung öffentlichen Eigentums und vor allem der Unterschichten. Da sich auch dort gewisse Ansprüche breitmachten, vermutlich neue Methoden der Ausnutzung des Ackerlandes mit hohem Investitionsaufwand[26] übernommen wurden, kam es zu weitgehender Verschuldung, oft zur Zahlungsunfähigkeit, zur Notwendigkeit, den Hof zu verpfänden und nicht selten schließlich zum Verkauf der Schuldner und ihrer Familien in die Sklaverei.

Die Beziehungen zwischen Hoch und Niedrig wurden erheblich gestört. Wir haben keinen Anlaß, für das alte Griechenland mit Klientelen zu rechnen, welche denen in Rom irgend vergleichbar gewesen wären. Aber es müssen gewisse patriarchalische Abhängigkeitsverhältnisse bestanden haben, die in dieser Zeit nachhaltig gestört wurden. Zu dieser Störung trug bei, daß angesichts der überaus starken Bevölkerungsbewegung sowie der Chancen, die sich offensichtlich an den weiten Küsten des Mittelmeers und des Schwarzen Meers auftaten, die unmittelbare Wirklichkeit auf einen Horizont von Möglichkeiten hin sich auflockerte. Denn auch das muß bestehende Bindungen geschwächt haben.

Wenn der Eindruck, den man aus den Quellen gewinnt, richtig ist (und nicht nur auf den Zufällen unserer Überlieferung beruht), so sind in der ersten Phase der archaischen Zeit, das heißt von 750 bis etwa 650 die Konfliktstoffe leichter zu entschärfen gewesen, zumal eben ein großer Teil der Probleme aus dem griechischen Mutterland exportiert wurde. Danach aber finden wir eine deutliche Zunahme von Empörungen der unteren Schichten, von Konflikten, Faktionskämpfen und Usurpationen von Tyrannis. Die Auseinandersetzungen waren vielfach blutig, Verbannungen ganzer Gruppen an der Tagesordnung. Die Krise ging aus von wirtschaftlicher Not und gesellschaftlicher Bedrückung und griff dann auf das politische Zusammenleben und schließlich auf dessen ethische Grundlagen über.

Eigenartig dabei ist, daß relativ wenige oder nur sehr begrenzte Kriege im Mutterland stattgefunden zu haben scheinen.[27] Jedenfalls beobachten wir nur sehr wenig Expansion. Die einzig nennenswerte Ausnahme bietet die Eroberung Messeniens durch Sparta. Im übrigen blieb es dabei, daß der größte Teil der griechischen Gemeinwesen seine Selbständigkeit bewahrte und teilweise ausbaute; sofern Abhängigkeitsverhältnisse begründet wurden, verzichtete man zumeist auf eine Einverleibung der unterworfenen in die herrschende Gemeinde.[28] Daran haben auch die neuen Machthaber, die Tyrannen[29], im ganzen nichts ändern können. Wenn eine Tyrannenfamilie wie in Korinth wenigstens gewisse Außenposten fest in Besitz nahm, so war das die Ausnahme.

Offensichtlich war es also auch den ehrgeizigen, machtvollen Usurpatoren kaum möglich, ihren Herrschaftsbereich über das Gebiet der eigenen Polis hinaus zu erweitern.

Vor allem zeigt die Tyrannis, mindestens im Ergebnis, deutliche Schwächen auch gegenüber der Aufgabe, die eigene Herrschaft innerhalb des Gemeinwesens zu versachlichen und zu legitimieren. Sie konnte zwar mit verschiedenen wirtschaftlichen Schwierigkeiten unter Umständen gut fertig werden, aber als Lösung der politischen Krise vermochte sie sich den Gemeinwesen auf die Dauer nicht zu oktroyieren. Dabei scheint die relative Bindungslosigkeit der griechischen Adligen, ihre Eigenständigkeit, ihre vergleichsweise geringe Fähigkeit, sich größeren Zusammenhängen einzuordnen, mitgesprochen zu haben.

Die Folge dieser Umstände war es, daß sich in den schweren Auseinandersetzungen, zu denen die Krise immer wieder Anlaß gab, sehr häufig Patt-Situationen herauskristallisierten. In ihnen kam es dann mit der Zeit immer öfter dazu, daß die Streitenden den Ausweg statt bei einem Mächtigen bei einem Weisen suchten. Das bedeutet: man richtete zunehmend Erwartungen an das politische Denken. So kam es zu einer starken Aufwertung der griechischen Intelligenz.

4. Das Aufkommen des Politischen Denkens und einer autonomen Intelligenz

Zur Besonderheit der archaischen Geschichte der Griechen gehörte es, daß man in eigenartiger Weise auf politisches Denken angewiesen war. Das ergab sich schon daraus, daß die Angehörigen der griechischen Städte unmittelbar, ohne die Vermittlung einer höheren Instanz unter stark bewegten Umständen miteinander auszukommen hatten. Nicht, daß nicht auch Monarchen für die Einrichtung und Verwaltung ihrer Herrschaft Intelligenz bräuchten! Aber es ist eines, wenn man von einem Machtzentrum aus, aus der Person oder durch die Person des Machthabers als der Quelle aller öffentlichen Aktivität eine politische Ordnung und deren Funktionieren denkt. Und es ist ein grundsätzlich anderes, wenn man Regeln und Institutionen zu erdenken hat, die von selbst funktionieren, die in gewissem Maße selbst die Quelle politischen Handelns zu sein haben. Wo dort das Ganze letztlich auf eine Person ausgerichtet ist, müssen hier viele Personen auf ein Ganzes verpflichtet werden, das nirgendwo ist als zwischen und in ihnen. Wo dort das Interesse an der Ordnung mit dem des Monarchen potentiell zur Deckung kommt, muß hier eine starke Divergenz zwischen allgemeinen und individuellen Interessen aufgefangen werden. Solche Divergenzen können sich in Grenzen halten, solange noch eine starke, den Verhältnissen angemessene Ethik alles Handeln reguliert.[30] Wenn dies aber nicht der Fall ist – wie in der Krise der archaischen Zeit –, so ergeben sich besondere Anforderungen an politisches Denken. Es hat dann auf Regeln und

Institutionen zu sinnen, die unabhängig von den einzelnen in Konflikt geratenen Kräften arbeiten. Das setzt einen besonderen Grad der Abstraktion von der konkreten Wirklichkeit und eine besondere Weise, über den Dingen zu stehen, voraus.

Eine andere Herausforderung für politisches Denken stellte die Kolonisation dar. Denn neben zahlreichen technischen Erfordernissen brachte die Gründung von Städten zugleich eine ganze Reihe von politischen Problemen mit sich. Wenn man sich in den Heimatstädten jeweils auf die Alten verlassen konnte, die im Zweifelsfall zu berichten, zu rekonstruieren und wohl auch zu erfinden vermochten, wie man sich seit jeher bestimmten Fragen gegenüber verhielt, so mußten die Kolonisten ohne diese bewährten Mittel auskommen. Denn sie konnten die Alten kaum mitnehmen. Man mußte also versuchen, aus dem je von Fall zu Fall reproduzierten Wissen Regeln abzuleiten, ferner Regeln auch dafür aufzustellen, daß Menschen, die aus ganz verschiedenen Städten stammten, in den Neugründungen zusammenleben konnten.

Diese Problematik steigerte sich angesichts der schweren Konflikte des späten 7. und des 6. Jahrhunderts. Damals begegnen uns auch eine Reihe von »Spezialisten« politischen Denkens in den Quellen. Es sind die »Rechtsfeststeller« (die man mit der Kodifizierung und zumeist Modifikation des bis dahin nur »gewußten Rechts« betraute, zum Beispiel Zaleukos und Charondas), die »Wieder-ins-Lot-Bringer«, die teils mit Gesetzen, teils aber auch mit direkten Eingriffen die Krise der Stadt beheben sollten (zum Beispiel Solon), schließlich allgemein der Kreis derer, die als Sieben Weise in den Quellen erscheinen.

Die Intelligenz dieser Männer konnte von keinem Monarchen und keiner Priesterschaft monopolisiert werden.[31] Keine Instanz war mächtig und umfassend genug dazu. Was immer einzelne von ihnen im Dienst bestimmter Interessen gedacht und gesagt haben mögen, im ganzen bewegten sie sich gleichsam in den Zwischenräumen der Mächte. Ihre Weisheit wurde weit über die Grenze ihrer Poleis in Anspruch genommen. Ihre Zielsetzungen gingen, soweit wir sie kennen, über die Interessen aller einzelnen Mächte hinaus. Und sie scheinen vor allem die geistigen Voraussetzungen für den politischen Aufstieg der breiteren Schichten geschaffen zu haben. Denn dieser Aufstieg kann nicht einfach aus der griechischen Gesellschaft herausgewachsen sein.[32] Er konnte sich auch nicht einfach aus der Beteiligung der Bauern an der Kriegführung ergeben. Denn die Hoplitenphalanx entstand 6 bis 7 Generationen vor der umfassenden politischen Mitsprache des breiten Volkes. Die Bauern konnten also lange Zeit das Machtgefälle zugunsten des Adels höchstens modifizieren, konnten bestenfalls erwarten, im Rahmen der bestehenden Ordnung besser respektiert zu werden, was sich in verschiedenen Erfolgen, etwa der Einsetzung von »Rechtsfeststellern« niederschlug. Aber von dort bis zur Isonomie war der Weg noch weit.

Die Interessen der Bauern gingen auch zunächst auf konkretere, näher liegende Ziele: auf Schuldenerlaß, Wiedereinsetzung in ihr Eigentum, Landverteilung, wirtschaftliche Erleichterungen, Rechtssicherheit. Sie verfolgten sie politisch zumeist im Gefolge ehrgeiziger Adliger, die sich mit ihrer Hilfe zu Tyrannen aufschwangen. Wenn sie dann aber zur Forderung nach eigener Mitsprache, zu starkem, regelmäßigem politischen Engagement gelangen sollten, so mußten sie offenbar einen längeren Prozeß durchmachen, einen Prozeß der Aufklärung, der Sensibilisierung, der Weckung von Ansprüchen, der Aufwertung abstrakterer, fernerliegender Interessen, der Ummünzung von Unzufriedenheit in politische Forderungen, des Bewußtwerdens von Solidarität, nicht zuletzt der Absicherung und Legitimation der neuen Ansprüche.

Schließlich mußten Institutionen erdacht werden, die es möglich machten, den Einfluß breiter Schichten auf Dauer zu stellen. Breite Schichten sind ja, wie schon ihr Name sagt, zahlenmäßig stets überlegen. Aber nur selten und vor den Griechen, soweit wir sehen, nie haben sie wirklich geherrscht. Ganz leicht kann es also nicht gewesen sein, sie dazu zu bringen. Man muß annehmen, daß dieser Erfolg, wie schon angedeutet, wesentlich einem Prozeß politischen Denkens zu verdanken war, der sein Zentrum im Kreis der griechischen Intelligenz hatte – und in dem diese ihre Autonomie gewann.

Unter »Politischem Denken« verstehe ich allgemein das Nachdenken über die Polis, das heißt über all die sehr verschiedenen Probleme, die das Zusammenleben in den damaligen griechischen Städten stellte, sowie über deren möglichst gute Lösung. Es ging sowohl um Einzelfragen verschiedener Art, vielfach um die Findung der rechten Institutionen, als auch, und vermutlich zunehmend, um die Frage, welches die rechte Polis-Ordnung sei. Dabei mußte viel Wissen, viel Erfahrung zusammenkommen und zunehmend versucht werden, auch auf grundsätzliche Fragen Antworten zu finden. Die Frage nach Polis-Gesetzen und -Ordnung verlängerte sich zum Beispiel in die nach Gesetzmäßigkeiten im Kosmos sowie nach der Ordnung der Welt. Dieses Denken vollzog und entwickelte sich in einem breiten Prozeß, durchaus auch im Lernen der Angehörigen breiter Schichten sowie in deren Resonanz. Aber es hatte sein Zentrum in einem engeren Kreis von Weisen Männern, die durch besondere Einsicht und Erfahrung sowie durch Bewährung als Ratgeber ausgezeichnet waren.

Allein, wie kommen Intellektuelle darauf, auf die Notleidenden, die Schwachen zu setzen? Schließlich gab es damals noch keine Geschichtsphilosophie und wohl auch nicht das Bedürfnis, den eigenen Luxus durch das Bekenntnis zu den Unterprivilegierten raffiniert mit einem guten Gewissen zu kombinieren. Die Frage hat sich zugleich auf die israelischen Propheten zu richten und auf die gemeinsamen und unterschiedlichen Bedingungen in den beiden Gesellschaften im östlichen Mittelmeer jener Jahrhunderte.

Die Antwort ist für die Griechen nur in Umrissen zu geben. Aber wir besitzen immerhin Aufschlüsse dafür, wie ein religiöses Zentrum in Griechenland statt auf Macht auf die Vermittlung von Einsicht setzte. Man kann das nicht ganz sauber trennen. Denn natürlich war auch Delphi, um das es hier geht, auf den Ausbau eigenen Einflusses und auf materiellen Gewinn aus. Aber unter den Gegebenheiten der griechischen Welt kam es dazu, daß es Einfluß und Gewinn nur erzielen, behaupten und vergrößern konnte als Instanz, die Rat gab, und zwar im Interesse der Ratsuchenden. Delphi verfolgte hier inhaltlich kaum eigene Ziele, ging nicht auf Herrschaft oder Teilhabe an Herrschaft aus, sondern auf die Förderung jener Raison, auf die die Griechen dann, wie Gernet es formuliert[33], ihre Ordnung gründeten. Es wurde kein Kern politischer Macht, sondern ein intellektuelles Zentrum religiöser Autorität.

Wir wissen, daß es in der Kolonisation – vielleicht nicht von vornherein, aber im weiteren Verlauf – eine bedeutende Rolle gespielt hat. Einerseits natürlich durch die Orakelsprüche, um deretwillen man ja kam. Aber sie waren schwer zu deuten, oft absichtlich dunkel. Daher war es im Effekt wichtiger, daß sich in Delphi ein außerordentliches Wissen angesammelt haben muß, dessen man bei verschiedenen Gastgebern, allgemein gesagt bei den »Männern von Delphi« (Jacob Burckhardt[34]) teilhaftig wurde. Dank ihrer vermittelnden, verstärkenden Tätigkeit konzentrierte sich hier etwas und vertiefte und weitete sich, was sehr viel breitere Wurzeln hatte.

Interessanterweise ist das delphische Orakel weder bei Vernant noch bei Sally Humphreys noch auch bei Lloyd gewürdigt. Vielleicht, weil sie Delphis Aktivität primär als »theologisch« und nicht als rational ansahen, vielleicht aber auch nur, weil bestimmte Thesen über die politische Wirkung des Orakels von Louis Gernet mit bestimmten Gründen abgelehnt worden sind, Thesen, um die es hier nicht geht.[35] Wie immer dem sein mag: ein Gegensatz zwischen Theologie und Rationalität kann hier, wenn überhaupt je, kaum einschlägig sein, da offensichtlich in Delphi eine hohe Rationalität am Werk war, überdies eine dichte Wirklichkeitsbeziehung.[36] Politisches Denken war bei den Griechen mit einem starken religiösen Realismus verbunden. Es war nicht zuletzt politische Theologie einer besonderen Prägung. Und Rationalität äußerte sich in Delphi gerade auch dort, wo man die »guilt culture«[37] pflegte, guthieß und empfahl; denn da wurde Schuldbewußtsein sowohl gefördert wie umgemünzt in Tätigkeit, sowohl zur Entsühnung wie zur künftigen Vermeidung von Unrecht. Rationalität äußerte sich vor allem aber in der besonderen Weise, in der man göttliche Gerechtigkeit und Gesetzmäßigkeiten in der Wirklichkeit suchte.

Die Bedeutung Delphis ergibt sich insbesondere aus der Tatsache, daß eine über so unendlich viele Städte und – angesichts der Verkehrsverhältnisse – so weiten Raum sich erstreckende Gesellschaft bestimmte Zentren braucht. Wenn dann ein einzelner Punkt, aus welchen Gründen immer, einmal einen gewissen Informationsvorsprung erlangt hat, ist damit zu rechnen, daß sich immer mehr Informations- und Ratsuchende dorthin wenden. Und dies geschah hier zumal deswegen, weil die Griechen bei den Kolonie-Gründungen, mindestens mit der Zeit, gerne ein Orakel einholten. Kommen Ratsuchende, so wird die führende Schicht der Stadt vertraut mit weiteren Problemen; dann kann sie den nächsten, welche sie besuchen, wiederum Informationen, Antworten, Lösungen zu diesen Problemen abfragen. Dies und das kann hin- und hergehen und das Nachdenken über die Probleme und den Austausch von Vorschlägen sehr intensivieren.

So muß hier ein geistiger Umschlagsplatz entstanden sein, dessen Einzugsbereich über die griechische Welt weit hinausging.[38] Indirekt ist dies aus dem archäologischen Niederschlag unzähliger Gesandtschaften zu erschließen. Denn man kann nicht annehmen, daß die griechischen Städte Taubstumme nach Delphi zur Abgabe von Weihgeschenken entsandt hätten. Und es ist ebensowenig zu vermuten, daß die Männer von Delphi sich nur für die materiellen Schätze der diversen Gesandtschaften interessiert hätten. Zudem wissen wir aus verschiedenen Berichten, daß Delphi mit dem weiten Kreis von Weisen in enger Korrespondenz stand, welcher unter dem Etikett der »Sieben Weisen« in die Überlieferung eingegangen ist. Delphi muß seinerseits ein kräftiges und stets neues eigenes Interesse daran gehabt haben, treffende Ratschläge zu geben. Auf religiösem wie auf politisch-gesellschaftlichem Gebiet und, wie gesagt, wohl nur zum geringsten Teil in Form von Orakeln. Denn Delphis Geltung und sein materielles Wohlergehen hingen daran. Dieses bedeutende Zentrum war so für die Welt der vielen Poleis eine geradezu unentbehrliche Kommunikations-Gelegenheit. Wenn man nach der Kommunikation unter den griechischen Intellektuellen fragt, wie Sally Humphreys das tut, so war dies zweifellos sehr viel wichtiger als etwa die sektenhaften Zusammentreffen unter den Pythagoreern.

Die in Delphi vermittelte, wenngleich nicht nur an Delphi gebundene Kommunikation aber war die Vorbedingung für die Beschleunigung und Vervielfältigung der unter den Griechen erzielten Erkenntnisse, zugleich für die geistige Auseinandersetzung und die gegenseitige Vergewisserung, schließlich für die Autorität des griechischen Denkens. In ihr gewann die griechische Intelligenz ihren Rang, ihren Ort in der Gesellschaft, ihre Unabhängigkeit sowie ihre Eigenart.

Gewiß war die Tatsache, daß Griechenland aus sehr vielen verschiedenen selbständigen Städten bestand und daß es dort relativ wenig Gelegenheit zu größeren Machtkonzentrationen gab, eine Voraussetzung dafür, daß Intelligenz in den Zwischenräumen zwischen Mächten und Städten entstehen konnte. Und die Labilität der Machtverhältnisse war ein Grund dafür, daß ihr immer wieder, und zwar von verschiedensten Seiten, Auskunft und Rat abverlangt wurden. Aber daß sich dann ein bestimmter intellektueller Stil einstellte, eine Diskussion mit bestimmten Standards, dafür brauchte es eine Vervielfältigung der Kommunikation. Es brauchte ein intellektuelles Ambiente über die Ägäiswelt hin (ja darüber hinaus), in dem primär Sachverstand, Kenntnis, Einfallsreichtum und dann auch tiefere Einsicht in die Zusammenhänge des politischen und gesellschaftlichen Lebens etwas galten – und sich folglich immer weiter ausbildeten. In diesem Ambiente mußte sich für das Denken gleichsam ein neuer Ort finden, eine Dritte Position institutionalisieren, die ihm seine Autonomie sicherte. In ihm erwuchs jene Haltung, die sich primär darauf orientierte, für die jeweilige Polis nützlichen, guten Rat zu geben. Das verstand sich nicht von selbst. Allzu sehr werden viele Interessenten darauf gedrungen haben, parteiische Antworten zu erhalten, sie werden auch bereit gewesen sein, sie zu prämieren. Dagegen mußte die Gesinnung erst aufgebaut und befestigt werden, die nicht auf den unmittelbaren, sondern eben auf den mittelbaren Vorteil sah, der daraus resultiert, daß man neutral, nach bestem Wissen und Gewissen und im Blick auf das Ganze, das Interesse der Allgemeinheit, seine Antworten gab. Und es mußte deutlich werden, daß solch unabhängiger Rat am besten war – und sich in der Welt der vielen Poleis schließlich auch am meisten rentierte. Erst daraus konnte die Autorität erwachsen, ohne die die Autonomie dieser Intelligenz gleichgültig – und unmöglich gewesen wäre.

Dafür war der Rückhalt in Delphi von großer Bedeutung. Es haben sich mit der Zeit noch weitere bedeutende Zentren griechischen Denkens gebildet, in Milet, später auch in Elea, bevor Athen zum Mittelpunkt der Philosophie wurde. Milet sieht man dann gern auch als aufgeklärter an als Delphi. Ob das richtig ist, mag hier dahingestellt bleiben. Man müßte sich fragen, ob sich Religion und Aufklärung bei den Griechen nicht gründlich anders zueinander verhielten als in der Neuzeit des christlichen Europa. Man müßte sich auch fragen, ob Delphi, wenn es wirklich weniger aufgeklärt gewesen sein sollte als Milet, dafür nicht politischer gedacht hat. Und es bliebe schließlich zu beantworten, ob die milesische Philosophie nicht erst möglich war, nachdem das griechische Denken schon wesentliche Stadien zurückgelegt hatte.

Ohnehin sind hier einige zeitliche Differenzierungen notwendig. Das Denken der Tyrannen und der Intellektuellen bewegte sich zunächst weithin auf ähnlichen Bahnen. Auf Bahnen übrigens, auf denen zugleich die »Weisheit« im alten Ägypten, in Israel und wohl auch anderswo voranzukommen suchte[39]: man sann auf Mittel zur Verbesserung der wirtschaftlichen Verhältnisse, zur Überwindung der Arbeitslosigkeit (zum Beispiel von Männern, die den eigenen Hof verloren hatten oder – bei einer größeren Zahl von Kindern – auf dem väterlichen Hof nicht mehr ernährt werden konnten), zur Förderung des Gewerbes u. ä. Einer der »Sieben Weisen« ist auch selber Tyrann geworden.

Aber dabei blieb es nicht. Das Politische Denken, wenn man es denn derart als Einheit setzen darf, entwickelte mit der Zeit zugleich andere Maßstäbe, denen gegenüber die Tyrannis nicht als legitim erschien. Es hat gewiß auch dazu beigetragen, daß diese sich in der Regel nicht halten konnte. Die Richtung auf eine nicht-monarchische Ordnung hat sich auf die Dauer als die folgenreichste und entscheidende erwiesen.

Sie speiste sich vermutlich unter anderm aus der Erkenntnis, daß die Tyrannen im ganzen schwach waren und vielfach auf die Dauer nicht befriedigend zu regieren vermochten. Weitere Einsichten resultierten daraus, daß die Weisen vor dem Problem standen, Ratschläge zu geben, die sich unter der prekären Machtlagerung bewährten. Da blieb oft nicht viel anderes übrig, als daß sie auf Ausgleich hinwirkten und jedes gefährliche Extrem, jedes Übermaß an Macht oder Ohnmacht,

Reichtum oder Armut bekämpften. Da die Notleidenden gelegentlich gefährlich werden konnten, mußten die Weisen gerade auch für sie sich einsetzen. Sie mußten in den kleinen, brisanten Verhältnissen also das Interesse des Ganzen der Städte bedenken, das sonst gegenüber den partikularen Zielsetzungen noch kaum zur Geltung kam.

Wenn nun aber eine ganze Gruppe von Menschen Lösungen für die verschiedensten Probleme produzieren muß, braucht sie bestimmte Maßstäbe. Auf dieses Bedürfnis antwortete die Konzeption der *Eunomie,* die wir bei Solon finden. Man kann ihre Vorgeschichte wenigstens in Umrissen rekonstruieren. Bei Hesiod findet sich ein starker, freilich kaum in Praxis übersetzbarer Gerechtigkeitsglaube. Er ist verbunden mit einem Zweifel am Tun der irdischen Autoritäten. Gegen sie wird Zeus als höhere Quelle der Gerechtigkeit aufgeboten.[40] Aber der Gott und seine Tochter Dike, die Personifikation der Gerechtigkeit, konnten für Hesiod nur dadurch tätig werden, daß sie für irdisches Unrecht irdische Strafe sandten. Den Zusammenhang zwischen Unrecht und Strafe konnte er anders als über die Annahme direkter göttlicher Einwirkung nicht verstehen.

Zwei bis drei Generationen später findet sich dann in einem Gedicht Solons[41] die Erkenntnis, daß ein auf der Erde nachrechenbarer Zusammenhang zwischen Unrecht und Verderben besteht. Man hat inzwischen erfahren, daß die Ausbeutung der Bauern keineswegs nur diese trifft, sondern potentiell das ganze Gemeinwesen. Denn die Bauern können sich empören und dann Bürgerkrieg und Knechtschaft heraufführen. Eben darin sieht Solon die irdische Verkettung der Dinge, für die die alte Annahme eines Zusammenhangs von Unrecht und Strafe gleichsam nur den Hintergrund nomologischen Wissens[42] bildet. Man kann mit Händen greifen, wie die göttliche Gerechtigkeit wirkt. Wenn dies aber möglich ist, muß von den Göttern auch eine rechte Ordnung vorgesehen sein.

Das Verfahren, in dem sich Solon ihrer zu vergewissern suchte, war konservativ: er vermutete hinter dem Status quo die Umrisse der rechten Ordnung. Dabei nahm er an, daß alles, was zu den großen Schwierigkeiten und Konflikten in der Polis führen konnte, in der rechten Ordnung nicht vorgesehen war. So widersprachen ihr etwa die Hypothekensteine, weil sie letztlich einen Zustand markierten, der zu Aufruhr führte. Auf diese Weise entstand das Bild der Eunomie, in der alles, und zwar auf Grund göttlicher Fügung, seinen Platz hatte.

Diese Ordnung aber, so fand Solon zugleich, war wiederherstellbar. Er behauptet in seinem Eunomie-Gedicht sowohl die Gesetzmäßigkeit des unheilvollen Geschehens wie die Möglichkeit der Bürger, deren Vollzug aufzuhalten. Einerseits diagnostiziert er nämlich die Mißstände und erklärt, aus ihnen komme ein unentrinnbares Verderben[43] auf die Stadt zu. Andererseits beschwört er die Verantwortung der Bürger für die Ordnung der Stadt derart, daß damit nicht nur gemeint sein kann, sie hätten zu tragen, was sie selbst verschuldeten, sondern auch, daß sie am Zustand der Stadt etwas ändern können. Schließlich weist Solon gleich zu Anfang mit Nachdruck darauf hin, daß Zeus und Athene der Stadt wohlwollen.

Der Widerspruch zwischen diesen drei Feststellungen läßt sich nur auf folgende Weise auflösen: zwar gibt es eine unentrinnbare Gesetzmäßigkeit, mit der aus Mißständen Bürgerkrieg und Tyrannis erwachsen. Aber der Punkt, von dem ab es keine Umkehr mehr gibt, ist offenbar zur Zeit des Gedichts noch nicht erreicht. Die Gesetzmäßigkeit wird erst einsetzen, wenn es noch schlimmer kommt.[44] Daraus resultiert die Verantwortung der Bürger. Diese kann zwar damals (noch) nicht in regelmäßiger politischer Mitsprache bestehen, sondern nur darin, daß sie einen Mann mit außerordentlicher Vollmacht betrauen, damit er die Dinge wieder ins Lot bringe. Das war damals die einzige Möglichkeit zu durchgreifender Reform. Damit aber die Bürger derart in das Geschehen eingreifen, braucht man die Erkenntnis von dessen Tendenz zu unheilvoller Unentrinnbarkeit. Denn eben sie lehrt, woran sie sind. Sie gibt also die Möglichkeit zu wirken und zu überzeugen. Und daß dem so ist, muß Solon darin bestärkt haben, auch an das Wohlwollen der Götter zu glauben.[45] Vielleicht ist deren Lob in seinem Gedicht geradezu der Ausdruck hochgemuter Erkenntnis.

Übrigens bietet der Gedanke der Verantwortung der Bürger auch die Brücke zu einem tieferen Verständnis dafür, warum Unschuldige am Zustand der Stadt mitzuleiden haben. Daß dem so ist, ist angesichts des empirischen Befundes von Empörungen und Bürgerkriegen offensichtlich. Und schon Homer und Hesiod hatten behauptet, daß die ganze Stadt umfassend an der Ungerechtigkeit ihrer Führer litte (wie sie aufgrund der »guilt culture« auch an der Anwesenheit von nicht entsühnten Mördern leidet).[46] Hier aber wird deutlich, daß dem Leiden eine Mitschuld korrespondiert, falls die Bürger nicht rechtzeitig in das Geschehen eingreifen. Denn, und das ist das Neue, sie können etwas tun. Insofern waltet Gerechtigkeit auch gegen sie.

Wir wissen nicht, wieweit die Gedanken der Eunomie solonisch und wieweit sie damals weiter verbreitet waren. Jedenfalls gab es seit dem Anfang des 6. Jahrhunderts eine Konzeption rechter, von den Göttern vorgesehener, erkennbarer Polis-Ordnung, in der alle Kräfte ihren Platz, ihre Aufgaben und Rechte hatten. Solon rechnete damit, daß dem Adel die Führung gebühre, nahm dabei freilich auch an, daß er sich rechtmäßig zu verhalten hatte. Denn das Volk war seinerseits nicht ohne Rechte. Damit war der Adel zwar besonders verantwortlich für die Ordnung, aber er war es nicht allein. Das Urteil über sie und letztlich die Verantwortung für sie lag bei allen Bürgern. So entsprach es dem Gedanken dieser Ordnung, die letztlich über die Zuständigkeit jeder einzelnen Macht hinausging, die nur als Zusammenhang, der alle umfaßt, zu denken war. Eine Unterscheidung zwischen Status quo und rechter Ordnung gab es allerdings auch in den in vielem ähnlichen Ordnungskonzepten anderer Kulturen, zum Beispiel in der ägyptischen Ma'at (die auch die Griechen beeinflußt haben könnte), im indischen Dharma, auch im gleichzeitigen China. Aber dort war es letztlich immer der König, der für die Ordnung aufzukommen hatte, den man höchstens ermahnen oder unter Druck setzen konnte. Hier dagegen hatten letztlich alle für die Ordnung aufzukommen – und sie hatten sich dafür gegebenenfalls eines Wieder-Ins-Lot-Bringers zu bedienen.

In der »Neutralität«, dem »Draußen-Stehen«, der Fähigkeit der weisen Männer, das Ganze zu erkennen und notfalls wieder in Ordnung zu bringen, spiegelt sich die Dritte Position dieses politischen Denkens. Ebenso in der Tatsache, daß die Ordnung als Zusammenhang gedacht war, als rechtliches Verhältnis zwischen den verschiedenen Teilen der Stadt, als etwas, das sich selbst tragen muß – und notfalls wieder dazu zu bringen ist, dies zu tun. Die Sache war nicht einfach: Interessen an der Regierung und solche an der Eindämmung ihrer Willkür, Interessen des Adels und solche der Beherrschten wollten bedacht sein. Sie mußten aufgehoben werden in einer mehrdimensionalen Perspektive auf das Gemeinwesen, als dessen Teil jede einzelne Kraft zu verstehen war. Gesetze mußten so gegeben und angeraten werden, daß sie – zusammen mit ethischen Maximen – ein Gerüst bildeten, mit dessen Hilfe die Bürger miteinander und mit ihren Aufgaben allein fertig wurden. Das erforderte eine gewisse Abstraktion, die es ermöglichte, hinter den einzelnen Interessen und dem Bedürfnis nach Ausgleich zwischen ihnen das Ganze zu erkennen, um das es letzten Endes ging. Es erforderte auch ein gewisses Absehen vom eigenen Engagement. Nicht einmal in Form der Identifikation scheinen diese Weisen in der Regel die Polis in Besitz genommen oder von irgendeiner Institution aus, die sie vielleicht hätte repräsentieren können, gedacht zu haben.

Wer aber die Dinge dazu bringen muß, von selbst zu laufen, muß sie in ihren Gründen und Zusammenhängen viel besser kennen, als wer sie letztlich selber lenken kann und soll. Dieser muß von ihnen nur wissen, was er braucht, um sie von sich abhängig, sie sich dienstbar zu machen. Jener dagegen muß ihre Natur erforschen, ihre Eigenart, ihre Gesetze – und die möglichen Weisen ihres Zusammenwirkens. Insofern stellten sich die Probleme des politischen Lebens mit der Zeit bei den Griechen sehr viel intensiver und radikaler, sehr viel mehr auf die Prinzipien und Ursachen hin als anderswo. Da konnte es kaum ausbleiben, daß man in ähnlichem Sinne auch die Natur befragte.

Wo die politische Ordnung so aus den Fugen geraten war, konnte ohnehin auch der Kosmos nicht mehr einfach als selbstverständlich geordnet erscheinen. So kam man auch in Hinsicht auf die Welt dazu, nach Ursachen und Gesetzen zu suchen. Alle möglichen Fragen, herkömmliche wie neue, waren dann offenbar unabhängig vom Wirken einzelner Götter zu beantworten, wie überhaupt göttliche Willkür im Denken dieser Intelligenz nichts mehr zu suchen hatte. Der Polytheismus konnte nicht weiterhelfen. Hingegen mochte nach einem göttlichen Prinzip, nach einem Göttlichen im Singular gefragt werden, dessen gesetzmäßiges Wirken empirisch zu erkennen sei.

Vernant hat sehr treffend darauf hingewiesen, wie stark insbesondere die Philosophie des Anaximander von politischen Kategorien und

Fragen bestimmt ist.[47] Ich vermag ihm nicht zuzustimmen, wenn er sie durch den Geist der Isonomie bestimmt sein läßt. Das bringt nicht nur große chronologische Schwierigkeiten mit sich, sondern es beruht auf einer Deutung einzelner Begriffe, von denen unklar ist, ob Anaximander sie gebraucht hat und wieweit sie das gleiche meinen wie im politischen Sprachgebrauch der Zeit etwa seit Kleisthenes. Aber ganz unverkennbar ist, daß das Modell einer Welt, die nicht von einer einzelnen transzendenten Instanz beherrscht wird, sondern von einem Gesetz, eng verwandt mit der Konzeption Solons ist. Die Natur wird als »ein autarker Bereich immanenter Gesetzmäßigkeit« begriffen.[48] Zugleich ist deutlich, daß Anaximander über Solon hinaus den Zusammenhalt der Welt, ja die Ruhelage der Erde im Kosmos, in geometrischen Verhältnissen begründet sieht. Man sollte annehmen, daß dieses abstrakte, artifizielle geometrische Denken eher zu den Voraussetzungen als zu den Folgen der ihrerseits relativ abstrakten, artifiziellen Schöpfung der Isonomie zählte.[49] Immerhin gehörte zu dieser Verfassung etwas ganz Unerhörtes und welthistorisch bis dahin wohl Einzigartiges: daß nämlich die politische Ordnung nicht mehr (wie bei Solon) analog zur gesellschaftlichen konstruiert war, sondern abweichend davon. Denn die mittleren Schichten konnten jetzt durch die Institutionalisierung weitgehender Mitsprache der führenden Schicht wirksam Paroli bieten.

Dieser Zustand überwand innerhalb der Polis eine Gesetzmäßigkeit, die für Anaximander offenbar in der ganzen Welt herrschte. Er spricht davon, daß die Dinge in stetem Aufstieg und Niedergang begriffen seien und sich auf diese Weise gegenseitig »Buße zahlen«. Offensichtlich ist mit jedem Aufstieg Unrecht verbunden, welches dann mit Niedergang und dem Aufstieg einer anderen Kraft gebüßt wird. Im Endeffekt gibt es auch hier die Gleichheit einer Ordnung, insofern keine Macht in der Lage ist, auf Dauer zu herrschen oder sich zu behaupten. Aber irgendwelche Mächte sind so unrecht- wie regelmäßig ständig oben, während andere unten sind. Das kann aus der Natur abgeleitet sein, wo bald Tag, bald Nacht, bald Sommer, bald Winter herrscht.[50] Es kann aber auch aus dem ständigen Auf und Ab der Tyrannen, Dynastien und Reiche gefolgert worden sein, das man im Osten der griechischen Welt – übrigens auch in Milet – beobachten konnte. Im Gegensatz zu Solons Eunomie und gewiß auch zu den Erwartungen, die mit der Isonomie verknüpft waren, kannte diese Welt außerhalb der Polis also nicht den Zustand rechtmäßiger gleichbleibender Ruhe, in der der *circulus vitiosus* von Unrecht und Verderben durchbrochen war, sondern ihr Gleichbleiben ergab sich aus dem Wechsel von Unrecht und Strafe, aus der ständigen Unruhe.[51] Der Ausgleich war nicht synchron vorhanden, sondern stellte sich erst diachron her. Später konnte man diese Gedanken in der Demokratie ins Positive wenden, indem man auf Erden die Rotation, denselben Wechsel von Regieren und Regiertwerden herstellte, der auch am Himmel zu walten schien.[52] Aber nichts spricht dafür, daß Anaximander daran schon gedacht hätte. Er formulierte, soweit wir sehen, nur eine allgemeine Gesetzmäßigkeit innerhalb einer im ganzen sich gleichbleibenden, alle umfassenden Ordnung. Und er tat es in Hinsicht auf die ganze Natur. Er ging damit viel weiter als Solon, wie es sich für einen Philosophen wohl gehörte. Nur daß er keine dauerhafte Herrschaft von Extremen und überhaupt nicht Herrschaft, sondern Gesetz als Oberstes anerkannte, hatte er mit der Eunomie gemein.

Wenn in der Politik wie in der Natur Gesetzmäßigkeiten am Werk sind, so konnte deren Beobachtung sich gegenseitig bestärken. Später heißt es bei Heraklit[53] explizit, daß sich die Gesetze der Stadt aus dem Gesetz, das in der Welt herrscht, nähren. Nur darf man die Parallelität zwischen der politischen und der philosophischen Konzeption wohl nicht zu eng sehen. Oder soll man annehmen, daß die Dinge sich im Milet Anaximanders wesentlich anders darstellten als im Athen Solons?

Ob wir berechtigt sind, Anaximanders Weltvorstellung als transzendent (und nicht als weltlich) aufzufassen, ist mir zweifelhaft. *In politicis* ist die Eunomie-Konzeption jedenfalls dazu gedacht gewesen, auf Erden verwirklicht zu werden. Was immer an Abstraktionen von der gegebenen Wirklichkeit, vom Status quo geleistet wurde, es sollte schließlich konkretisiert werden. Und eben das geschah auch, obwohl in anderer Weise als ursprünglich gedacht.

Denn es stellte sich mit der Zeit heraus, daß die rechte Ordnung nicht zu realisieren war, wenn man den mittleren Schichten nicht wirksame Rechte zu regelmäßiger Mitsprache einräumte. »Der Arme mußte zu seinem Schutz gegen Unbill mitstimmen, Richter und Magistrat sein können« (J. Burckhardt).[54] Eben darauf müssen die politischen Denker mit der Zeit hingewirkt haben. Das ergab sich, wenn sie ihre Aufgabe, die Eunomie herzustellen, erfüllen sollten. Hier lag die Quelle jener Antizipationen, ohne die eine weitgehende und schließlich maßgebende Mitsprache des breiten Volkes kaum denkbar ist. Von hier muß die Kraft ausgegangen sein, die für die gründliche Umlenkung von Interessen und Wertschätzungen sorgte, aus der schließlich ein Wandel der ganzen gesellschaftlichen Identität erfolgte. Denn wenn Adlige wie Kleisthenes seit der zweiten Hälfte des 6. Jahrhunderts die Gefolgschaft breiter Schichten statt mit wirtschaftlichen Vorteilen durch Gewährung politischer Rechte zu erreichen suchten, so antworteten sie damit gewiß auf eine Erwartung, die ihnen aus dem Volk entgegengebracht wurde.

Es wäre interessant, wenn wir den Weg des frühen griechischen Denkens genauer rekonstruieren könnten. Manches spricht dafür, daß Gleichgewichtsvorstellungen damals in der Politik eine größere Rolle spielten. Wenn man etwa die Möglichkeiten der breiten Schichten dadurch vergrößerte, daß man ihnen »Oppositions-Räte« schuf oder auch Volksgerichte in Konkurrenz zu Adelsgerichten, so drückte sich darin ebenso der Gedanke der Balance aus, wie wenig später im medizinischen Denken des Alkmaion, der die Gesundheit in der Isonomie der Kräfte, des Feuchten, Trockenen, Kalten, Warmen, Bitteren, Süßen sah. Es wird dort eine Gleichheit zwischen Gewicht und Gegengewicht, anders gesagt, zwischen großen Gruppen oder Mächten angestrebt. So gehörte es in die »gewachsene Verfassung« der Zeit, da man nur einzelne Elemente verändern konnte. Später zeichnet Aischylos in seiner Orestie umgekehrt die Notwendigkeit eines gewissen Gegengewichts des Adels gegen das Volk. Und wir finden entsprechende Vorstellungen auch vereinzelt bei Aristoteles.[55] Sie spielen nur in unserer Überlieferung keine große Rolle. Dies aber wird dadurch bedingt gewesen sein, daß sich relativ rasch ein anderer Gleichheitsgedanke in den Vordergrund drängte. Wenn man nämlich zur Erzielung eines Gleichgewichts dem Volk größere Rechte gab, so hatte das die Tendenz zu einer Gleichheit der Vielen mit den Wenigen in sich, will sagen zur Gleichheit aller einzelnen Bürger. Denn die mußten in diesem Prozeß auf die Dauer dazu kommen, sich ihres Anspruchs auf Gleichheit der politischen Rechte bewußt zu werden. Eben dieser Gedanke bestimmte, wenn nicht von vornherein so doch sehr rasch, die Isonomie. Und nachdem sich dann in der Mitte des 5. Jahrhunderts die Gegensätze zwischen Hoch und Niedrig so zugespitzt hatten, daß Oligarchie gegen Demokratie zum wichtigsten politischen Gegensatz wurde, war an ein Gleichgewicht bestenfalls theoretisch zu denken. Damals gewann das Volk auch die volle Disposition über die gesamte Ordnung.

In der Bürger-Gleichheit beruhte die Solidarität, die die Angehörigen der Gemeinwesen allein instandsetzte, die Polis zu tragen.[56] Denn sie brauchten eine starke Gemeinsamkeit. Sie mußten also ihre Bürger-Eigenschaft auf stärkste betonen – weit stärker als alle möglichen Unterschiede. Hier mußten sie ihr vornehmstes Interesse finden. Gleichheit der Rechte und Gleichheit der Interessen mußten sich miteinander bilden.

Wenn die Interessen die Menschen nach Max Weber unmittelbar beherrschen, so haben doch »die ›Weltbilder‹, welche durch ›Ideen‹ geschaffen werden [...], sehr oft als Weichensteller die Bahnen bestimmt, in denen die Dynamik der Interessen das Handeln fortbewegte«.[57] Wenn die griechischen Bauern von der Verbindlichkeit einer vorgegebenen gesellschaftlichen Ordnung absehen wollten – und dies nicht nur in gelegentlicher Empörung, sondern regelmäßig –, so muß es als wahrscheinlich erscheinen, daß die Forderung nach so tiefgreifender Reform auch philosophisch, theologisch und nicht zuletzt kosmologisch abzusichern war – wie später dann entsprechend Aischylos die neue Lage Athens nach dem Sturz des Areopags im Mythos absicherte. Wohl erst aus der Kombination eines breit abgestützten Gerechtigkeitsglaubens mit der Zuversicht in das eigene Handlungsvermögen resultierte die Virulenz, der die Isonomie zu verdanken ist, die ihrerseits einen ersten Abschluß des Polis-Bildungsprozesses darstellte.

Eben um die Entstehung eines neuen Weltbildes mußte es sich hier handeln. Ihm korrespondierte der Wandel der gesellschaftlichen Identität, der sich in Bürgerbewußtsein, Gleichheit und Solidarität befestigte.

Durch ihn kam in zahlreichen griechischen Städten, je auf verschiedene Weise, das Nachdenken über das Ganze und das Nachdenken über das, was der Einzelne tun kann und soll, zusammen, um sich gegenseitig stark zu befestigen. Denn wirklich praktisch wird ein Denken ja wohl erst, wenn ihm das Handeln der Einzelnen auch in der Alltäglichkeit entsprechen kann (und nicht, wie in anderen Zeiten so oft, Denken und Tun so weit auseinanderklaffen, daß das eine im Effekt immer dem anderen widerspricht). Geschieht dies, so befestigt sich eins am anderen. Insgesamt kann man feststellen, daß das politische Denken der archaischen Zeit aufs engste in den Polis-Bildungsprozeß verquickt war.

5. Ergebnis: Politik und Denken

Wenn diese Erörterung richtig ist, so läßt sich in der Entstehung des griechischen Denkens eine enge Korrespondenz zwischen der Position der Weisen und der Gesetzmäßigkeit, nach der sie suchten, beobachten. Das hat zur Folge, daß sich damals die Frage nach den Gründen und Zusammenhängen in Natur und politischer Welt besonders intensiv stellte. Dem entsprach ein kräftiger Realismus, der die göttliche Gerechtigkeit empirisch in Natur und Menschenwelt aufsuchte. Damit wurde die In-Frage-Stellung des Bestehenden vermutlich besonders radikal – weil es besondere Herausforderungen und Möglichkeiten zur Antwort gab.

Das Streben nach Verwirklichung einer rechtmäßigen Ordnung hatte weiterhin zur Folge, daß man suchen mußte, das Ganze, um das es ging, in den Bürgern zu erzeugen. Denn ein Ganzes, für das keine einzelne Instanz aufkommen konnte, konnte von keinem anderen als von allen zusammen ausgemacht werden. So kam es schließlich, mindestens in verschiedenen der bewegteren Städte, zu einem Identitätswandel der Bürgerschaft, durch die das allgemeine Interesse im Rahmen einer bestimmten institutionellen Ordnung als Verantwortung, Überzeugung und Gegenstand des Handelns verwirklicht wurde.

Dafür, daß die Intellektuellen diesem Ganzen sowohl angehörten, als auch eine gewisse Außenposition ihm gegenüber behaupteten, sorgte die Vielzahl der griechischen Städte.

Natürlich kann die Autonomie einer Intelligenz nicht dadurch gesichert werden, daß sie selbst in gewissem Maße aus der übrigen Gesellschaft herausgesondert ist. Damit dies möglich wird, müssen vielmehr bestimmte Differenzen innerhalb der übrigen Gesellschaft vorhanden sein. Oft sind jedenfalls gewisse Anlehnungen, und seien es Identifikationen, für die Intelligenz wichtig. Nachdem zunächst eine bestimmte Machtlagerung Zwischenräume ließ, in denen die griechische Intelligenz sich entfalten und aus denen sie wirken konnte, scheint sie dann bestimmte Trennungen innerhalb der Gesellschaft hervorgerufen zu haben. Die Griechen zeichneten sich gegenüber anderen Kulturen dadurch aus, daß bei ihnen nicht eine Monarchie von einer Gesellschaft sich trennte, sondern Gesetzmäßigkeit gegen Willkür, ein Allgemeines gegen die Besonderheit aller einzelnen Kräfte gestellt wurde. Ihr Denken konnte sich folglich nicht mit stärkeren Mächten identifizieren, nicht mit Monarchie und Staat, nicht mit dem Fortschritt, der Geschichte, dem Weltgeist und folglich auch nicht mit dem Volk oder einer Klasse, die

die Menschheit der Zukunft in der Gegenwart zu vertreten hätte prätendieren können. Sie waren vielmehr relativ schwach. Nur aus dieser Schwäche konnten sie eine Ordnung konzipieren, in der auch die Schwachen – freilich nur innerhalb der Bürgerschaft – ihr Teil und ihre Macht haben sollten. Ihr Einfluß beruhte darauf, daß sie diese Schwäche kannten – und wußten, daß nur ihr Wissen ihnen Autorität verleihen konnte.[58] Die Orientierung auf jene Ordnung gab ihnen Handlungsmöglichkeiten und sicherte ihre Autonomie.

Es war eine Autonomie zunächst wohl weniger der Einzelnen als der Gruppe der Weisen überhaupt. Gerade wie *mutatis mutandis* die Bürger der mittleren Schichten ihre Autonomie nur in ihrer Solidarität entwickeln konnten. Erst im Laufe des 5. Jahrhunderts wird das, scheint mir, grundsätzlich anders. Wichtig war, daß die Bemühungen um ein stärkeres politisches Engagement der Bürgerschaft an deren Eigenständigkeit anknüpfen konnten, übrigens auch, daß ein fließender Übergang zwischen Bauern und Adligen bestand. Anders hätte man wohl in den breiten Schichten die Bereitwilligkeit zu so starker aktiver Beteiligung nicht erzeugen können.

Die Gesetzmäßigkeit und das Interesse des Ganzen, um die es der griechischen Intelligenz ging, fanden ihren soziologischen Ort in kräftigen Forderungen und Erwartungen, die vor allem von den mittleren Schichten ausgingen, in der Scheidung von Haus und Polis und in vielen anderen Dingen. Ihnen entsprach ein Bewußtsein, daß man die Diskussion brauchte, daß man zu lernen hatte, die Entstehung einer bestimmten Öffentlichkeit, in der sich dies vollzog, schließlich die Forderung, daß sich das politische Leben insgesamt in der Öffentlichkeit abspielen sollte. Dabei stand nicht nur das Einzelne, sondern auch das Allgemeine, das Ganze der Polis und der Welt zur Debatte. Insofern korrespondierte der griechischen Intelligenz das Bürger-Sein der Griechen, wie dieses Bürger-Sein erst aus der griechischen Intelligenz erwuchs.

Wie stark der Kreis der Weisen sich von den übrigen abgrenzte, ist unklar. Man muß annehmen, daß er relativ weit war. Zur Autorität mindestens verschiedener prominenter Weiser gehörte es, daß sie einen besonderen, offenbar nicht allgemein zugänglichen Weg zur Weisheit zu haben behaupteten. Geheimnisvolles und Öffentliches mischten sich nicht nur in Delphi. Das Bild, das der Kreis dieser Weisen bot, muß recht bunt gewesen sein.[59] Was bisher im Mittelpunkt der Betrachtungen stand, war jedenfalls nur ein Strang des damaligen Denkens, wenn auch der folgenreichste. Neben ihm standen andere. Wir finden Seher, Wunderheiler, Wahrsager. Außer in der öffentlichen Diskussion, in der etwa Solon seine Argumente vortrug, fanden sie ihr Element in Sekten und Mysteriengemeinschaften. Die Bedürfnisse, auf die sie antworteten, waren mannigfaltiger Art. Es gab nicht nur das Nachdenken über Politik, sondern auch die Flucht davor ins Private, in den Rausch. Die labile Machtlagerung, die Auflösung der Institutionen muß eine Vielzahl von intellektuellen Möglichkeiten freigesetzt haben. In gewissem Sinne ist auch die Dichtung und die »Arbeit am Mythos« als Medium griechischer Weisheit zu sehen.

Der Erfolg, den das griechische Denken zumal *in politicis* errang, war auch für die Zukunft eine wesentliche Voraussetzung seiner Autorität. Auch seine eigentümliche intellektuelle Verpflichtung auf das Ganze, seine unparteiische Position, wirkte fort. Beides wird besonders handgreiflich in der attischen Tragödie.

Die Schöpfung des frühen Denkens aber, die Isonomie und vor allem die im Gefolge der Perserkriege daraus entstehende Demokratie, die den Bürgerschaften die freie Verfügung auch über das Zentrum der politischen Ordnung gab, hat dann zugleich den entscheidenden Anstoß zur Sophistik und zur sokratischen Philosophie gegeben. Von diesem Zeitpunkt ab wurde das griechische Denken freilich eher Spezialistensache. Innerhalb der Beziehung zwischen Denken und Politik überwogen die Einwirkungen der Politik auf das Denken diejenigen des nun primär philosophischen Denkens auf die Politik. Aber die enge Verbindung blieb bis ins 4. Jahrhundert bestehen. Und das ist wohl nicht die schlechteste Bestätigung für die These, daß das Aufkommen einer autonomen Intelligenz bei den Griechen bedingt/bedingend aufs engste mit der Entstehung des Politischen zusammenhängt.

1 Hierzu und zum folgenden vgl. allgemein Ch. Meier, *Die Entstehung des Politischen bei den Griechen*, Frankfurt 1980. »Die Griechen: die politische Revolution der Weltgeschichte«, Saeculum 33 (1982), S. 133 ff. Die dort abgedruckten Aufsätze sind zum Teil als Vorbereitung zu einem Buch über die Anfänge des politischen Denkens bei den Griechen gemeint, das zu schreiben ich weiterhin plane.

2 Th. Mommsen, *Reden und Aufsätze*, Berlin 1905, S. 199.

3 Vgl. etwa J. Gernet/J.-P. Vernant. In *Bulletin G. Budé 1964*.

4 Bürger hier verstanden als citoyen, nicht als bourgeois.

5 Wie sie von J.-P. Vernant behauptet wird: *Les Origines de la Pensée Grecque*, Paris 1962, S. 119 ff., dt. *Die Ursprünge des griechischen Denkens*, Frankfurt 1982 (dazu unten).

6 Einige wichtige Erwägungen in diesem Zusammenhang finden sich zumal in den historiographischen Arbeiten von Ch. G. Starr und A. Heuß.

7 S. Humphreys, *Anthropology and the Greeks*, London 1978, S. 209 ff.

8 Vgl. o. Anm. 5.

9 A. a. O., 125 – 100 – 95 ff.

10 Vgl. L. Gernet, *Les Grecs sans Miracle*, Paris 1983.

11 G. E. R. Lloyd, *Magic, Reason and Experience. Studies in the Origin and Development of Greek Science*, Cambridge 1979, S. 246 ff.

12 Ch. Meier, *Die Entstehung* ... (vgl. Anm. 1), 283 zur begriffsgeschichtlichen Seite dieses Tatbestandes. Gegen die dortigen Feststellungen könnte man ins Feld führen, daß Herodot den Wechsel von Tyrannis zur Isonomie zweimal mit der Redewendung »die Regierung (*arche*) dem Volk in die Mitte legen« bezeichnet, und zwar für das späte 6. Jahrhundert (3, 142, 3. 7, 164, 1. vgl. 3, 80, 2, wo dasselbe von den Dingen gesagt wird. Dazu M. Detienne in *Annales* 20 (1965), 425 ff.). Nur ist nicht ausgemacht, daß sie deswegen schon

ins 6. Jahrhundert und nicht erst in die Zeit Herodots gehört. Sollte dem freilich so sein, so wäre diese Wendung nicht anders zu verstehen als in der doppelten Bedeutung: Daß das Volk über alle politischen Angelegenheiten berate (vgl. 3, 80, 6) und über die Ämter verfüge (indem es diese durch Wahl an Adlige vergibt, später durch Los). Dann hätte man also schon für das späte 6. Jahrhundert mit der Vorstellung zu rechnen, daß die Regierung, also die Herrschaft dem Volk gemein sei, ihm gehöre. Bezeichnend bliebe, daß diese Ordnung Isonomie heißt (Herodot 3, 142, 3) und offenbar auch noch für ein halbes Jahrhundert der Akzent auf der Gleichheit der Bürger statt auf ihrer »Herrschaft« liegt. Und es bliebe ein weiter Schritt von der Regierung, die allen in der Mitte liegt, zum Volk, das herrscht, – und zur Herrschaft, die das entscheidende Kriterium der Ordnung ist. Außerdem stellt sich in diesem Zusammenhang noch keine Alternative zwischen Volk und Adel. Insofern wären die eingangs zitierten Feststellungen höchstens zu modifizieren. Vgl. Ch. Meier, »Der Umbruch zur Demokratie in Athen.« In: R. Herzog/R. Koselleck, Epochenschwelle und Epochenbewußtsein. *Poetik und Hermeneutik* XII (1987), S. 353 ff. *Die politische Kunst der griechischen Tragödie*, München 1988, 108 ff.

[13] Ch. Meier, *Die Entstehung* ... (vgl. Anm. 1), 127 ff.

[14] Dazu Ch. Meier, *Die Entstehung* ... (vgl. Anm. 1), 247 ff. »L'Identité Politique des Athéniens: État ou ›Polis‹?« In: ders., *Introduction à l'Anthropologie Politique de l'Antiquité Classique*, Paris 1984, S. 7 ff. »Arbeit, Politik, Identität. Neue Fragen im alten Athen?« In: V. Schubert (Hrsg.), *Der Mensch und seine Arbeit*, St. Ottilien 1986, S. 47 ff. P. Veyne, »Critique d'une Systématisation: Les Lois de Platon et la Réalité«. In *Annales* 37 (1982), S. 883 ff. Ch. Meier/P. Veyne, *Kannten die Griechen die Demokratie?* (Berlin 1988).

[15] H. D. E. Kitto, *The Greeks*, Harmondsworth 1951, S. 178.

[16] A. Gehlen, *Anthropologische Forschung*, Reinbek 1961, S. 23 f.

[17] W. Schadewaldt, *Der Aufbau der Ilias*, Frankfurt 1975, S. 91 ff. und 7 ff. A. Heuß, in *Gnomosyne. Festschrift W. Marg*, München 1981. Andererseits auch K. Raaflaub in *Historische Zeitschrift* 248, 1989, S. 3 ff. und 11 ff.

[18] Vgl. A. Aymard, in *Revue d'Histoire de la Philosophie et d'Histoire Générale de la Civilisation* 2, 1943, S. 124 ff. Ch. Meier, *Politik und Anmut*, Berlin 1985.

[19] K. Marx, *Grundrisse der Kritik der politischen Ökonomie*, Berlin 1974, S. 379.

[20] M. Weber, *Wirtschaft und Gesellschaft*. 5. Aufl. 1972, S. 813 f. F. Bourriot, *Recherches sur la Nature du Genos. Etude d'Histoire Sociale Athénienne*, 2 Bde. Lille/Paris 1976. D. Roussel, *Tribu et Cité. Études sur les Groupes Sociaux dans les Cités Grecques aux Époques Archaique et Classique*, Paris 1986. Einschlägig wäre auch die leider immer noch ungedruckte Habilitationsschrift von Peter Spahn über Freundschaft. Der Gedanke ist etwas weiter ausgeführt in *Vom frühen Griechentum bis zur römischen Kaiserzeit* (Heidelberger althistorische Beiträge und epigraphische Studien. Hrsg. G. Alföldy 6. 1988, S. 104 ff.).

[21] Dort wird auch die Gleichheit in einer frühen »nomistischen« Form verwirklicht, auf Grund der exzeptionellen Rolle der Hopliten. P. Spahn, *Mittelschicht und Polisbildung*, Frankfurt/Bern/Las Vegas 1977, S. 98 ff.

[22] Etwa die Rolle der Agora (Vernant wie Anm. 5, S. 7 und 44 ff.) oder der Opfergemeinschaften (W. Burkert, *Griechische Religion der archaischen und klassischen Epoche*, Stuttgart 1977, 98. »Opfertypen und antike Gesellschaftsstruktur« in: G. Stephenson, *Der Religionswandel unserer Zeit im Spiegel der Religionswissenschaft*, Darmstadt 1976, 168 ff.)

[23] W. Burkert, »Die orientalisierende Epoche in der griechischen Religion und Literatur«, *Sitzungsberichte Heidelberger Akademie* 1984.
[24] O. Murray, *Das frühe Griechenland*, München 1982, S. 80 f., 140, 150, 235, 277.
[25] Vgl. Ch. Meier, »Macht und Gewalt«, in: O. Brunner, W. Conze, R. Koselleck, *Geschichtliche Grundbegriffe 3*, Stuttgart 1982, S. 820 ff.
[26] Vgl. die Literatur bei Ch. G. Starr, *The Economic and Social Growth of Early Greece*, New York/Oxford 1977, S. 245 (der selbst skeptisch ist).
[27] Vgl. dazu jetzt o. S. 47 f.
[28] F. Gschnitzer, *Abhängige Orte im griechischen Altertum*, München 1958. K. Raaflaub, *Die Entdeckung der Freiheit*, München 1985, S. 92 ff.
[29] H. Berve, *Die Tyrannis bei den Griechen*, München 1967.
[30] Es ist sogar denkbar, daß sich innerhalb eines aristokratischen Gemeinwesens ein Zentrum institutionalisiert, dessen – wechselnde – Mitglieder ein eigenes Interesse daran gewinnen, für die Einhaltung der Regeln und die Einheit der Politik zu sorgen (Ch. Meier, »Die Ersten unter den Ersten des Senats«. In *Gedächtnisschrift für Wolfgang Kunkel*, Frankfurt 1984). Das setzt aber die Bewahrung der ursprünglichen gesellschaftlichen Homogenität voraus, die bei den Griechen verloren ging. Vielleicht gab es Ähnliches in Venedig.
[31] J. Burckhardt, *Griechische Kulturgeschichte*, Bd. 3 (1956), S. 280.
[32] So erscheint es etwa bei Vernant.
[33] Wie Anm. 10, S. 23.
[34] Wie Anm. 31, Bd. 2, S. 313.
[35] Wie Anm. 10, S. 223 ff. Sally Humphreys leugnet den Einfluß Delphis ausdrücklich in ihrem Aufsatz in S. N. Eisenstadt (Hrsg.), *Kulturen der Achsenzeit*, Frankfurt 1987. 151, 1. Sie macht sich keine Mühe, die Argumente, die dafür sprechen, zu widerlegen. Ihr genügt es, daß Neuerungen »auftraten« (was anscheinend heißt: vom Himmel fielen) und daß eine von ihr nicht näher bezeichnete Elite sich des »Wertes von Recht und Ordnung stärker bewußt wurde«. Wenn es so einfach gewesen sein sollte, braucht man in der Tat nicht weiter über die Voraussetzungen der Demokratie nachzudenken.
[36] Wie Anm. 31, Bd. 2, 312 f., Bd. 4, S. 69 f.
[37] E. R. Dodds, *The Greeks and the Irrational*, Berkeley/Los Angeles 1951.
[38] A. Heuß, in *Propyläen Weltgeschichte* Bd. 3, Berlin 1962, S. 192.
[39] *Les Sagesses du Proche-Orient Ancien*. Colloque de Strasbourg 17-19. Mai 1962 (Paris 1963); G. von Rad, *Weisheit in Israel*, Neukirchen/Vluyn 1970.
[40] Wie Anm. 7, S. 216 f.
[41] Elegie 3. In: E. Diehl (Hrsg.), *Anthologia Lyrica Graeca*, Leipzig 1958. Vgl. Ch. Meier, *Entstehung des Begriffs Demokratie*, Frankfurt 1970, S. 18 ff.
[42] M. Weber, *Wissenschaftslehre*, 3. Aufl. Tübingen 1968, S. 179 und 192.
[43] Vers 17. Dieser Passus wird oft falsch übersetzt. Aber es heißt nicht, daß unentrinnbar ein Verderben, sondern daß ein unentrinnbares Verderben kommt.
[44] Darauf deutet wohl auch das zweifache *tacheos* Vers 18, 21.
[45] Eine ähnliche Wendung begegnet uns schon in der Odyssee (H. Fränkel, *Dichtung und Philosophie des frühen Griechentums*, München 1962, 253), aber dort handelt es sich um Dinge, die die Menschen sich durch ihre eigene Ruchlosigkeit zugezogen haben und denen sie vor allen Dingen nicht entkommen können. Solons Vertrauen in das Wohlwollen der Götter scheint mir im Zusammenhang mit den Bemühungen zu stehen, die sich damals gegen den Fatalismus zur Wehr setzten, der aus solchen Schuldzuweisungen resultierte.
[46] Hesiod, *Erga*, 226 ff. Homer, *Odyssee* 19, 108 ff. *Ilias* 16, 386 ff. E. R. Dodds (vgl. Anm. 32). Raaflaub wie Anm. 16, S. 27 f.

[47] Wie Anm. 5, S. 119 ff.

[48] U. Hölscher, »Das existentiale Motiv der frühgriechischen Philosophie«. In: F. Hoermann, *Probata-Probanda*, München 1974, S. 67.

[49] Wieviel die Analogie besagt, daß bei Anaximander die Welt in der Mitte zwischen allen Extremen und bei der Isonomie die Macht *en mesoi* liegt, ist schwer zu sagen, zumal, wenn man sie ernst nimmt, die Bürger außerhalb der Welt gedacht werden müssen wie die Planeten.

[50] Unwahrscheinlich ist hingegen, daß Anaximander an einzelne Prozesse vor Gericht denkt, das bezöge sich ja nur auf Einzelne. Hier sind vielmehr große Mächte, ganze Teile der Welt gemeint.

[51] Vgl. Ch. Meier, *Die politische Kunst* (wie Anm. 12) 87 f.

[52] Euripides, *Phoinissen*, 535 ff.

[53] Fragment 114 bei H. Diels, *Die Fragmente der Vorsokratiker*, 10. Aufl. 1961.

[54] Wie Anm. 31, Bd. 1, S. 206.

[55] Ch. Meier, *Die Entstehung* ... (vgl. Anm. 1), 82. Alkmaion Fragment 4 bei Diels (vgl. Anm. 53). H.-J. Gehrke, in *Saeculum* 36 (1985), S. 147. G. Vlastos, »Equality and Justice in Early Greek Cosmologies«, in *Classical Philology* 42 (1947), S. 156 ff. Aischylos, *Eumeniden*. Dazu: Ch. Meier, *Die Entstehung* (vgl. Anm. 1), S. 200 f., 203 ff. Thukydides 4, 86, 4 f. Euripides, Fragment 626, bei A. Nauck, Leipzig 1854. Aristoteles, *Politik*, 1291 b, 30 ff. – D. Sternberger, *Drei Wurzeln der Politik*, Bd. 1, Frankfurt 1978, S. 151 ff.

[56] Dies war in der Hopliten-Phalanx vorbereitet; vgl. Vernant (wie Anm. 5), 58 f. Vgl. Burkert, *Homo Necans*, Berlin 1972, S. 32 ff. zur gemeinschaftsbildenden Rolle des Rituals. Die Gemeinsamkeit bestimmter Eigenschaften als Voraussetzung bürgerlicher Solidarität kehrt wieder im Mythos des Protagoras.

[57] M. Weber, *Ges. Aufs. z. Religionssoziologie*. Bd. 1, Tübingen 1920, S. 252.

[58] Dies ist dann das Thema in Aischylos' *Prometheus*. Vgl. Ch. Meier, *Aischylos und die politische Theologie der Griechen* (soll demnächst in einer Sammlung eigener Aufsätze erscheinen).

[59] Zur Weite des Kreises der Weisen vgl. etwa die offensichtlich ganz zufällige Erwähnung des Demonax bei Herodot 4, 161 f. Zum Geheimnisvollen vgl. Vernant, 52 ff. (wie Anm. 5). Burkert in: R. Hägg, *The Greek Renaissance of the eighth Century B. C.*, Stockholm 1983, S. 115 ff.

Die

Kleine Kulturwissenschaftliche Bibliothek

ist eine neue Buchreihe bei Wagenbach.

Keine dickleibigen Bücher, die die Welt erklären wollen, sondern *beflügelnde Arbeitshefte.*

Die *Kleine Kulturwissenschaftliche Bibliothek* versteht sich als Anstifter: Hier erscheinen lesbare Essays, die Autoren *und* Leser in Diskussionen verwickeln möchten.

Die *Kleine Kulturwissenschaftliche Bibliothek* bevorzugt die offene, experimentelle Form, betont den Arbeitscharakter und fördert die wissenschaftliche Grenzüberschreitung.

CHRISTIAN MEIER / PAUL VEYNE

Kannten die Griechen die Demokratie?

Wie war die griechische Demokratie und was bedeutet es damals, ein politischer Mensch zu sein?

Kleine Kulturwissenschaftliche Bibliothek 2

Englische Broschur, Buchdruck. 96 Seiten

BRIAN VICKERS

Francis Bacon

Leben und Werk eines Universalgenies

Kleine Kulturwissenschaftliche Bibliothek 3

Englische Broschur, Buchdruck. 80 Seiten

W. MONTGOMERY WATT

Der Einfluß des Islam auf das europäische Mittelalter

Eine Einführung in die islamische Hochkultur und ihre prägenden Kräfte für die Geburt der Wissenschaften im mittelalterlichen Europa.

Kleine Kulturwissenschaftliche Bibliothek 4

Englische Broschur. 96 Seiten

ARNALDO MOMIGLIANO

Die Juden in der Alten Welt

Über altjüdische und altchristliche Traditionen und die Wechselbeziehungen zwischen der orientalischen, hebräischen, griechischen und römischen Kultur.

Kleine Kulturwissenschaftliche Bibliothek 5

Englische Broschur, Buchdruck. 96 Seiten

ANTHONY NORTHEY

Kafkas Mischpoche

Franz Kafkas Verwandte und ihre Karrieren:
Die Weitgereisten und Zuhausegebliebenen, die Kapitalisten, Nationalisten oder Assimilierten – und ihre Spuren im Werk.
Kleine Kulturwissenschaftliche Bibliothek 6
Englische Broschur. 96 Seiten mit 50 Fotos

ABY WARBURG

Schlangenritual Ein Reisebericht

»Die Schlange ist ein internationales Antwortsymbol auf die Frage: Woher kommt elementare Zerstörung, Tod und Leid in die Welt?«
Kleine Kulturwissenschaftliche Bibliothek 7
Englische Broschur. 96 Seiten mit Abbildungen

ALEXANDRE KOYRÉ

Galilei

Die Anfänge der neuzeitlichen Wissenschaft

Studien zu Galilei, in denen Alexandre Koyré zeigt, daß der Beginn der modernen neuzeitlichen Wissenschaft die Fortführung eben jener platonischen und aristotelischen Tradition bedeutete, die schon für die Renaissance verbindlich war.
Kleine Kulturwissenschaftliche Bibliothek 8
Englische Broschur, Buchdruck. 96 Seiten.
Mit Zeichnungen von Galilei und Koyré

KRZYSZTOF POMIAN

Der Ursprung des Museums Vom Sammeln

Pomian untersucht eine der ältesten Aktivitäten und Passionen der Menschheit: das Sammeln.
Kleine Kulturwissenschaftliche Bibliothek 9
Englische Broschur. 112 Seiten

KEITH THOMAS

Vergangenheit, Zukunft, Lebensalter

Zeitvorstellungen im England der frühen Neuzeit

Drei Studien über das Verhältnis zwischen Tradition und Zukunft.
Kleine Kulturwissenschaftliche Bibliothek 10
Englische Broschur, Buchdruck. 112 Seiten